**Kohlhammer
Urban-
Taschenbücher**

Band 386

Kurt Eberhard

Einführung in die Erkenntnis- und Wissenschaftstheorie

Geschichte und Praxis der konkurrierenden Erkenntniswege

Verlag W. Kohlhammer
Stuttgart Berlin Köln Mainz

CIP-Kurztitelaufnahme der Deutschen Bibliothek

Eberhard, Kurt:
Einführung in die Erkenntnis- und Wissenschaftstheorie:
Geschichte u. Praxis d. konkurrierenden Erkenntniswege /
Kurt Eberhard. −
Stuttgart; Berlin; Köln; Mainz: Kohlhammer, 1987.
  (Urban-Taschenbücher; Bd. 386)
  ISBN 3-17-009662-1
NE: GT

Inhalt

Geleitwort von Prof. Dr. Fritz Mewe   9

A. Einleitung   11

B. Der Kreislauf wissenschaftlicher Erkenntnisprozesse   15

   I. Individuelle, kollektive und gesellschaftliche
      Probleme als Ausgangs- und Zielpunkte wissen-
      schaftlicher Erkenntnisprozesse   15

  II. Die forschungsleitenden Erkenntnisinteressen . . .   17
      1. Das phänomenale Erkenntnisinteresse   17
      2. Das kausale Erkenntnisinteresse   17
      3. Das aktionale Erkenntnisinteresse   19

 III. Die Erkenntnisangebote   20

C. Die verschiedenen Erkenntniswege   22

   I. Der mystisch-magische Erkenntnisweg   22

  II. Der deduktiv-dogmatische Erkenntnisweg   29

 III. Der induktiv-empiristische Erkenntnisweg   32

  IV. Der deduktiv-theoriekritische Erkenntnisweg . . .   36

   V. Der dialektisch-materialistische Erkenntnisweg . . . 46

  VI. Der Erkenntnisweg der Aktionsforschung   51

D. Die historische Einordnung der Erkenntniswege . . . 58

   I. Die Sammlergruppen. 60

   II. Die Wildbeutergruppen 62

   III. Die bäuerischen Sippenverbände. 64

   IV. Die feudalistische Gesellschaft 66

   V. Die frühkapitalistische Gesellschaft 68

   VI. Die spätkapitalistische Gesellschaft 69

   VII. Der sozialistisch kontrollierte Kapitalismus 71

   VIII. Faschistische Technokratie gegen subkulturelle
      Anarchie 73

   IX. Individualhistorische Einordnung der Erkenntnis-
      wege 76

E. Die hermeneutische Komponente 81

   I. Begriff und Bedeutung der Hermeneutik 81

   II. Analytische Kritik an der hermeneutischen
      Dualismus-These. 86

   III. Hermeneutische Kritik an den analytisch-natur-
      wissenschaftlichen Forschungsprinzipien 92

   IV. Konstruktive Funktion der Hermeneutik 94

   V. Gültigkeitsprobleme der Hermeneutik 96

   VI. Methodologische Anregungen aus verschiedenen
      Gebieten der angewandten Hermeneutik 99
      1. Anregungen aus Psychologie und Soziologie . . . 99
      2. Anregungen aus der Jurisprudenz. 104
      3. Anregungen aus der Geschichtswissenschaft . . . 109

    4. *Anregungen aus der Psychoanalyse* 115
    5. *Zwischenbilanz* 118

  VII. Die Semiotik als Grundlage für eine Hermeneutik
     der sozialen Berufe 121
    1. *Anforderungen an eine Hermeneutik für soziale*
     Berufe 121
    2. *Allgemeine Bedeutung der Semiotik* 122
    3. *Die Logik der Abduktion* 124
    4. *Abduktion am Beispiel eines Rätsels.* 130
    5. *Abduktion an Beispielen aus der sozialen Praxis* . 135

F. Integrativer Rückblick 138

   I. Der Zusammenhang zwischen Problemlagen und
     Erkenntnisarbeit 138

   II. Der Zusammenhang zwischen den verschiedenen
     Erkenntnisinteressen 139

  III. Der Zusammenhang zwischen exakter Wissenschaft
     und Hermeneutik 140

  IV. Der Zusammenhang zwischen Deduktion,
     Induktion und Abduktion 142

   V. Der Zusammenhang zwischen den verschiedenen
     Erkenntniswegen 143

Literatur 150

Autorenverzeichnis 155

Sachwortverzeichnis 157

Zum Geleit

Nimmt ein an Erkenntnistheorie interessierter Leser dieses Buch in die Hand, so wird er es wahrscheinlich ohne größere Pausen durchlesen. Dafür sorgen Stil und Inhalt.

Der Stil besteht aus einer seltenen Mischung erfrischend variabler Wortwahl und hoher begrifflich-grammatikalischer Präzision.

Der Inhalt ist alles andere als konventionell. Völlig neu sind die Gedanken zur Entstehung der Erkenntniswege. Diese sonst hochabstrakt angebotenen Methoden der Wahrheitssuche werden aus konkreten geschichtlichen Perioden hergeleitet, beispielsweise der mystisch-magische Erkenntnisweg aus dem phylogenetischen Übergang vom Primaten zum Menschen und der deduktiv-dogmatische Erkenntnisweg aus der Zeit der bäuerischen Sippenverbände des Mesolithikums. Es wird gezeigt, wie jeder in seiner Zeit sehr praktische Aufgaben erfüllte. Mindestens ebenso originell wie neuartig ist die Übertragung der erkenntnistheoretischen ›Phylogenese‹ auf die psychische ›Ontogenese‹, die die verschiedenen historisch gewachsenen Erkenntniswege für die Erkenntnispsychologie fruchtbar macht.

Im allgemeinen geht man davon aus, daß der Erkenntnistheorie, Hermeneutik und Semiotik eine überwiegend metatheoretische Aufgabenstellung zukommt. Hier jedoch wird ihre eminent praktische Bedeutung für Juristen, Soziologen, Psychologen, Psychotherapeuten, Mediziner und Sozialpädagogen aufgezeigt und mit zahlreichen Beispielen belegt. Aus trockener Theorie wird scharfsinnige Anwendung. Den Satz des Sozialpsychologen Kurt Lewin: »Es gibt nichts praktischeres als eine gute Theorie« fand ich hier besonders eindrucksvoll bestätigt.

Darüber hinaus greift Kurt Eberhard aktuelle Erkenntnisprobleme unserer Zeit auf, systematisiert sie und bereichert mit eigenen Ideen die Fachdiskussion. Es ist sicher kein Zufall, daß dieses Buch zur gleichen Zeit erscheint, wie Hofstadters »Gödel, Escher, Bach«. Obwohl beide Autoren unterschiedliche Ausgangspunkte und Methoden verwenden, kommen sie an vielen Stellen zu ähnlichen Ergebnissen. Die Ausführungen Eberhards über den mystisch-magischen Erkenntnisweg sind vergleichbar mit Hofstadters über Zen-Buddhismus, diejenigen zur Integration mit denjenigen zum Holismus, die Überlegungen zur Hermeneutik in diesem Buch mit dem Bedeutungsfinden bei Hofstadter, die zur Abduktion mit denen zum Mustererkennen. Beide zentrieren Widersprüche als treibende Entwicklungskraft, die sich bei Eberhard aus der Begrenztheit einzelner Erkenntniswege und bei Hofstadter aus der Begrenztheit einzelner Denksysteme ergeben.

Ich habe dieses Buch mit großem Gewinn gelesen. Dasselbe wünsche ich einer möglichst breit gestreuten Leserschaft.

Tübingen, im Januar 1987   Prof. Dr. *Fritz Mewe*

A. Einleitung

Erkenntnistheorie und Wissenschaftstheorie sind in Gefahr, Geheimwissenschaften für eine kleine Gemeinde eingeweihter Spezialisten zu werden. Das ist eine bedauerliche Entwicklung, da die Erkenntnis- und Wissenschaftstheorie das praktischste ist oder doch jedenfalls sein könnte, was die Philosophie zu bieten hat.

Wir alle sind Erkenntnissuchende – die Erkenntnistheorie sollte uns helfen, unsere Erkenntnisprozesse zu verstehen und zu entfalten.

Wir alle sind Anwender wissenschaftlicher Theorien – die Wissenschaftstheorie sollte uns befähigen, die Glaubwürdigkeit wissenschaftlicher Erkenntnisse kritisch zu beurteilen.

Die Erkenntnis- und Wissenschaftstheoretiker sind jedoch überwiegend damit beschäftigt, ihre eigenen Positionen herauszustellen. Jedenfalls gibt es nicht ein einziges Lehrbuch, das die verschiedenen Erkenntnisphilosophien mit ihren historischen Hintergründen gleichgewichtig und praxisorientiert darstellt.

Demgegenüber steht das vorliegende Lehrbuch unter folgender Aufgabenstellung:
– es soll einen Überblick über die verschiedenen miteinander konkurrierenden Grundformen der Erkenntnis vermitteln;
– es bemüht sich um die gesellschaftshistorische Einordnung der verschiedenen Erkenntnisformen;
– es vermeidet einseitige Favorisierungen;
– es betont den Praxisbezug.
Der Praxisbezug wird dadurch hergestellt, daß die Fragestellungen und Beispiele den sozialen Berufsfeldern entnommen werden. Das ergibt sich einerseits daraus, daß ich im sozialen Bereich theoretisch und praktisch tätig bin; andererseits bietet sich das soziale Arbeitsgebiet als Anwendungsfeld für erkenntnis- und wissenschaftstheoretische Erwägungen besonders an, weil es wie kein anderer Praxisbereich interdisziplinär bestimmt ist. Die Bandbreite der mitwirkenden Wissenschaften reicht von der Rechtswissenschaft über die Medizin, Psychologie, Soziologie, Politologie, Geschichtswissen-

schaft, Ökonomie, Pädagogik bis zur Theologie und Kunstwissenschaft.

Da die unterschiedlichen Theorien und Weltanschauungen sich anheischig machen, das Denken und Handeln der Sozialpraktiker anzuleiten, und da diese selbst täglich folgenreiche Aussagen produzieren, sind sie ganz besonders darauf angewiesen, die Glaubwürdigkeit fremder und eigener Thesen hinterfragen zu können. Stattdessen lassen sich viele von den brillanten Schreibkünsten rhetorisch begabter Autoren verführen oder heißen alles gut, was den eigenen Vor-Urteilen wissenschaftliche Formulierungen liefert.

Gebraucht wird eine Erkenntnis- und Wissenschaftstheorie, die Produzenten und Konsumenten unterschiedlichster wissenschaftlicher und vorwissenschaftlicher Aussagen in die Lage versetzt, diese kritisch zu überprüfen. Wissenschaftstheoretische Konzepte, die sich einseitig am Leitbild der Naturwissenschaft orientieren, sind hier von vornherein überfordert.

Dieses Lehrbuch ist aber kein Spezialbuch für soziale Berufe; der Praxisbezug zum sozialen Bereich soll gerade seinem interdisziplinären und allgemeinen Anspruch dienen. Problematisch ist allerdings die Bezeichnung ›Lehrbuch‹. Von einem Lehrbuch erwartet man das Zusammentragen allgemein anerkannten Wissens. In der Erkenntnis- und Wissenschaftstheorie ist unbestrittenes Wissen rar. Vielfach war ich gezwungen, in Form und Inhalt eigene Wege zu gehen. Dazu gehören die Herausarbeitung des mystisch-magischen Erkenntnisweges und der Aktionsforschung als gleichbedeutsame erkenntnisphilosophische Grundrichtungen sowie meine Auseinandersetzung mit der Hermeneutik und ihre Untermauerung mit der semiotischen Abduktionslogik, die in der deutschen Erkenntnis- und Wissenschaftstheorie bisher ignoriert wurde. Diese neuen Gedankengänge bedürfen noch sehr der Diskussion. Ich unterschreibe die Einleitung mit meiner Adresse, weil ich mir Kritik und Anregung erhoffe.

Die traditionelle Erkenntnistheorie beschäftigt sich besonders mit Fragen folgender Art:
»Was ist Wissen, Gewißheit, Evidenz, Wahrheit? Wie kommen sie zustande? Wie lassen sie sich rechtfertigen?«
Einer der prominentesten Erkenntnistheoretiker der Gegenwart, Roderick M. CHISHOLM, zieht folgende Bilanz:

»Die Reflexion über das Wesen unserer Erkenntnis wirft eine Reihe verwirrender philosophischer Fragen auf. Diese bilden den Gegenstand der Erkenntnistheorie oder Epistemologie. Die meisten dieser Fragen wurden bereits von den alten Griechen behandelt; aber selbst heute herrscht noch wenig Übereinstimmung, wie sie zu lösen sind oder wie man sie los wird.« (1979, S. 15)

Aus diesen und den vorgenannten Gründen scheint es mir gerechtfertigt, die klassischen erkenntnistheoretischen Fragestellungen zunächst zu umgehen und stattdessen mit den für Wissenschaft und Praxis typischen Fragestellungen zu beginnen, nämlich mit der phänomenalen Frage (»was bzw. wie ist das Phänomen?«), der kausalen Frage (»warum ist es bzw. warum ist es so?«) und der aktionalen Frage (»wie kann es erzeugt oder verhindert oder verändert werden?«), um dann die Erkenntniswege zu untersuchen, auf denen die Menschen sich der Beantwortung dieser Fragen annähern. Um das Problem der Glaubwürdigkeit der Antworten werden wir auf diesem Wege allerdings auch nicht herumkommen.

Wer die tiefgreifenden Reflexionen der akademischen Erkenntnistheorie nachvollziehen möchte, findet im Literatur-Verzeichnis die einschlägige Fachliteratur (z. B. CHISHOLM 1979, KELLER 1982, KUTSCHERA 1982, PRAUSS 1980, WETZEL 1978).

Zum besseren Verständnis des vorliegenden Textes möchte ich noch einige Vorbemerkungen voranschicken:

1. Die Erkenntnistheorie ist die Theorie der allgemeinen menschlichen Erkenntnis, die Wissenschaftstheorie ist die Theorie der speziellen wissenschaftlichen Erkenntnis, d. h., diese ist ein Teilgebiet jener, weswegen ich oft nur den übergreifenden Begriff ›Erkenntnistheorie‹ benutze.
2. Die historische Einordnung der verschiedenen Erkenntniswege (Teil D) und die Diskussion ihrer hermeneutischen Komponente (Teil E) sind sehr problematisch. Deshalb habe ich sie vom mehr darstellenden Teil C abgetrennt. Die Zusammenhänge werden dann im letzten Teil (Teil F) wieder hergestellt.
3. In meinem 1977 veröffentlichten Lehrbuch ›Einführung in die Wissenschaftstheorie und Forschungsstatistik für soziale Berufe‹ hatte ich die Wissenschaftstheorie im Zusammenhang mit den Methoden der Empirischen Sozialforschung und der statistischen Datenanalyse dargestellt. Da es aber inzwischen viele gute Einführungen in die Empirische Sozialforschung und in die Forschungsstatistik gibt und da WELLHÖFER in seinem ›Grundstudium Sozialwissenschaftliche Methoden und Arbeitsweisen‹ die ursprüngliche Konzeption überzeugend weitergeführt hat, habe ich mich hier auf die Erkenntnis- und Wissenschaftstheorie konzentriert.

4. Durch die interdisziplinäre Anlage des Buches war ich gezwungen, beträchtliche Mengen von Fachliteratur aus den verschiedensten Gebieten zu verarbeiten. Weil der Umfang meiner Kompetenz wie auch der Umfang des Buches begrenzt ist, empfehle ich dem Leser mittels zahlreicher Literaturhinweise die eigene Aufarbeitung und Kontrolle.
5. Häufige Hinweise auf eigene Veröffentlichungen ergeben sich daraus, daß ich mehr durch eigene Forschungs-, Lehr- und Praxistätigkeit auf die beschriebenen Probleme gestoßen bin als durch die Fachliteratur, die eine eher sekundäre, dann aber sehr wichtige Rolle gespielt hat.
6. Weil mir beim Lesen Beispiele sehr helfen, habe ich selbst möglichst viele Beispiele eingeflochten. Sie haben lediglich illustrative, d. h. didaktische Bedeutung und können nicht als Beweismittel herhalten.
7. Weil ich nicht weiß, welchem Leser welche Wörter fremd sind, habe ich alle Fremdwörter, die nicht im Fremdwörter-Duden aufgeführt sind, im Text erläutert. Die begleitende Nutzung eines Fremdwörter-Lexikons ist allerdings unverzichtbar.

Für wertvolle Korrekturen und Anregungen danke ich den Sozialpädagogen Frau Ursula von Staa, Herrn Rolf Minitzki, Herrn Bernhard Schläfer, Herrn Holger Tarrats, Herrn Axel Wojczewski, den Psychologinnen Frau Brigitte Hoffmann, Frau Prof. Dr. Uta McDonald-Schlichting, dem Theologen und Psychologen Prof. Dr. Fritz Mewe, den Erziehungswissenschaftlern Herrn Burghard Behncke und Herrn Dr. Heinz Moser, dem Sozialwissenschaftler Prof. Dr. Fritz Gründger, dem Wirtschaftswissenschaftler Prof. Dr. Adolf Hoffmann, der Juristin Frau Sigrid Katsaras, dem Mediziner Dr. Ernst-Dietrich Sorge, dem Psychiater und Psychotherapeuten Prof. Dr. Klaus Hartmann, dem Mathematiker und Physiker Herrn Werner Kohlmetz, der Linguistin Frau Susanne Rohr und meiner Frau, Gudrun Eberhard, die als Sozialarbeiterin und Rechtsanwältin den Praxisbezug des Buches sicherte und als kritische Lektorin jeden Absatz auf Lesbarkeit und Stimmigkeit kontrollierte.

Berlin-Lankwitz, Dessauer Straße 20 *Kurt Eberhard*

B. Der Kreislauf wissenschaftlicher Erkenntnis- prozesse

I. Individuelle, kollektive und gesellschaftliche Probleme als Ausgangs- und Zielpunkte wissenschaftlicher Erkenntnis- prozesse

Das Schema S. 16 soll den Prozeß wissenschaftlicher Erkenntnis im gesellschaftlichen Zusammenhang darstellen und ist zugleich die Gliederung der ersten beiden Hauptteile dieses Buches (Teile B und C).

Zunächst zeigen die Überschriften des Schemas, daß sich aus individuellen, kollektiven und gesellschaftlichen *Problemen* forschungsleitende *Erkenntnisinteressen* ergeben.

Beispielsweise ist die Dissozialität zunächst für die einzelnen Betroffenen ein individuelles Problem; sie kann ferner für eine Familie, für eine Schulklasse ein kollektives Problem werden; schließlich kann sie die Herrschaftsinteressen führender Gesellschaftsgruppen bedrohen oder sogar das Funktionieren einer ganzen Sozietät gefährden. In jedem Fall stellen sich die phänomenale ›Was ist?-Frage‹, die kausale ›Warum?-Frage‹ und die aktionale ›Was tun?-Frage‹.

Über einen (oder mehrere) *Erkenntniswege* gelangt man dann zu den phänomenalen bzw. kausalen bzw. aktionalen *Erkenntnisangeboten* (Theorien), die dann ihrerseits über die *Praxis* auf die Ausgangsprobleme zurückwirken.

Jede Theorie strebt nach maximaler Glaubwürdigkeit. Allerdings geht es oft gar nicht um eine möglichst realitätsgetreue Widerspiegelung der Gegebenheiten, sondern um deren verkürzte oder gar verzerrte Darstellung.

Die orientierende Funktion einer Landkarte ergibt sich gerade auch aus ihren schematisierenden Abweichungen von der Realität. Ein Autofahrer braucht eine andere Realitätsreduktion als ein Wanderer oder ein Segelflieger.

Die Glaubwürdigkeit einer Theorie hängt also auch davon ab, welcher Praxis sie Orientierung bieten will. Der Erkenntnisprozeß kann deshalb kein unabhängiges oder gar wertfreies Geschehen sein. Auch in der Wahl des Erkenntnisweges und in der Art seiner Nut-

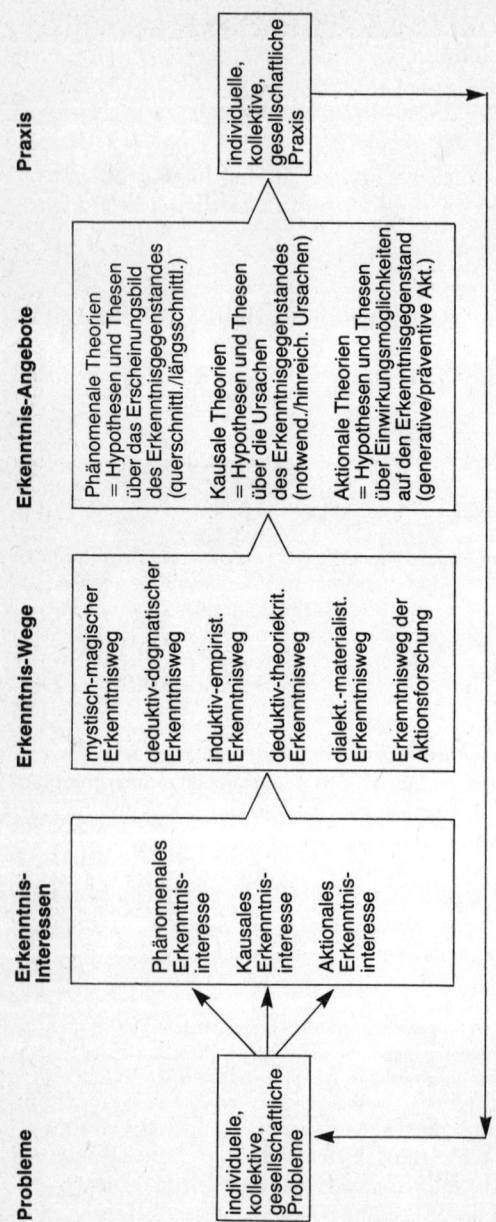

Kreislauf wissenschaftlicher Erkenntnisprozesse

Probleme

individuelle, kollektive, gesellschaftliche Probleme

Erkenntnis-Interessen

Phänomenales Erkenntnisinteresse

Kausales Erkenntnisinteresse

Aktionales Erkenntnisinteresse

Erkenntnis-Wege

mystisch-magischer Erkenntnisweg

deduktiv-dogmatischer Erkenntnisweg

induktiv-empirist. Erkenntnisweg

deduktiv-theoriekrit. Erkenntnisweg

dialekt.-materialist. Erkenntnisweg

Erkenntnisweg der Aktionsforschung

Erkenntnis-Angebote

Phänomenale Theorien = Hypothesen und Thesen über das Erscheinungsbild des Erkenntnisgegenstandes (querschnittl./längsschnittl.)

Kausale Theorien = Hypothesen und Thesen über die Ursachen des Erkenntnisgegenstandes (notwend./hinreich. Ursachen)

Aktionale Theorien = Hypothesen und Thesen über Einwirkungsmöglichkeiten auf den Erkenntnisgegenstand (generative/präventive Akt.)

Praxis

individuelle, kollektive, gesellschaftliche Praxis

16

zung spiegeln sich die subjektiven Einstellungen der jeweils Forschenden und die wirtschaftlichen sowie politischen Interessen ihrer Auftraggeber wider.

II. Die forschungsleitenden Erkenntnisinteressen

Die Fragestellungen der Wissenschaft wie der allgemeinen Lebenspraxis lassen sich in drei Arten gliedern: das phänomenale, das kausale und das aktionale Erkenntnisinteresse.

1. Das phänomenale Erkenntnisinteresse

Das phänomenale Erkenntnisinteresse fragt nach den faktischen Gegebenheiten, ihren Merkmalen und Eigenschaften. Seine umgangssprachliche Form lautet:
» Was ist los?«

Es richtet sich auf die Erscheinungen in ihrem querschnittlichen Zustand und ihrem längsschnittlichen Verlauf. Der Begriff ›Erscheinung‹ darf allerdings nicht zu eng benutzt werden. Es geht nicht nur um die oberflächlichen Merkmale eines Phänomens, sondern auch um seine Wesenseigenschaften, soweit sie sich aus dem oberflächlichen Erscheinungsbild erschließen lassen. (Zum Begriff ›Wesen‹ vgl. S. D II f.)

Die These »Eine depressive Grundstimmung gehört zum Wesen der Verwahrlosung« ist durchaus eine phänomenale Aussage, auch wenn Depressivität mehr eine Deutung als eine Beobachtung darstellt. Beobachtung und Deutung lassen sich ohnehin nicht voneinander trennen.

2. Das kausale Erkenntnisinteresse

Das kausale Erkenntnisinteresse richtet sich auf die Ursachen der Phänomene. Die umgangssprachliche Form lautet:
» Warum ist das so?«

Die Frage nach den Ursachen ist eine charakteristische Tätigkeit des menschlichen Denkens; ob es aber Ursachen überhaupt gibt, ist in der Erkenntnisphilosophie sehr umstritten. Ich selbst bin der Meinung, daß Kausalbehauptungen widerlegbar, aber nicht beweisbar sind (vgl. EBERHARD 1977, S. 30ff.). Das gilt aber für alle anderen Behauptungen auch (vgl. C. IV.). Aus meiner Sicht haben also Kausalthesen die gleiche Legitimation wie alle anderen wissenschaftlichen Aussagen.

Für den Sozialpraktiker sehen die Schwierigkeiten mit Kausalthesen ganz anders aus. Einer meiner ersten Klienten war ein Bettnässer. Meine Erfahrungen mit den Kausalthesen der einschlägigen Fachliteratur möchte ich in folgender Anekdote verdichten:

In großer Sorge um ihren einnässenden Sohn ruft eine Mutter fünf Psychologen an sein feuchtes Bett. Nach der Untersuchung von Mutter und Kind spricht der erste: »Die Wurzel des Übels ist ein Ödipus-Konflikt, das Einnässen ist eine auf die Mutter gerichtete Ejakulation.«

Dagegen der zweite: »Nicht Liebe, sondern Haß bestimmt den Knaben; das Einnässen ist ein zielsicheres Mittel, der Mutter Ärger zu bereiten.«

»Ach was«, protestiert der dritte, »der Bursche läßt unter sich aus der Haltlosigkeit einer beginnenden Verwahrlosung.«

»Aber meine Herren«, mahnt der vierte, »wer sich mit warmer Feuchtigkeit umgibt, betreibt doch nur die Rückkehr in die Geborgenheit des Mutterleibes.«

»Alles falsch«, widerspricht der fünfte, »der Junge ist depressiv und weint durch die Blase.«

Da sie sich nicht einigen konnten, wurden sie von der Mutter verabschiedet, die noch am selben Tage ein elektrisches Gerät kaufte, von dem sie in einer Illustrierten gelesen hatte. Das Gerät ließ jedesmal ein Glockenspiel ertönen, wenn der kleine Patient zu nässen begann. Er erhob sich sodann, entleerte sich am gewünschten Ort und war in weniger als einer Woche von seinem Übel befreit. In der darauffolgenden Woche hatte er einen üppigen Schnupfen – Symptomverschiebung!

Kausalbehauptungen sind bei entsprechendem rhetorischem Talent ihres Erfinders schnell plausibel, und man findet für jede überzeugende Fallbeispiele. Die praktische Gefahr der Kausalaussagen ist also nicht so sehr, daß die Welt möglicherweise gar nicht kausal organisiert ist – es ist nicht sehr wahrscheinlich, daß das erfolgreichste Informationsverarbeitungssystem unserer Natur, nämlich das menschliche Gehirn, eine Denkform entwickelt haben sollte, die nicht den tatsächlichen Realitäten dieser Natur entspricht (vgl. LORENZ 1973) –, sondern daß Kausalbeziehungen unkritisch geglaubt werden, weil sie so einfach, einleuchtend und entlastend sind. Kausaltheorien sollten also erst dann die Praxis anleiten, wenn sie hinreichend überprüft sind.

Für die Praxis ist ferner der Unterschied zwischen *hinreichenden und notwendigen Ursachen* wichtig.

Wenn beispielsweise Frustration eine notwendige, d.h. unentbehrliche Ursache für Aggressivität ist, würde die Vermeidung von Frustration Aggressivität unterbinden. Ist die Frustration dagegen eine hinreichende Ursache für Aggressivität, garantiert ihre Vermeidung nicht das Ausbleiben von Aggressivität, sondern umgekehrt: Ihr Vorhandensein garantiert das Auftreten von Aggressivität.

Nach der aristotelischen Logik gehört auch die *Zweckfrage* (wozu?) zu den Kausalfragen (causa finalis).

Z.B. gelten Mutationen als Ursache der hellen Fellfarbe des Schneehasen; der (ungewollt) erreichte Zweck ist der Tarnschutz. Dieser Tarnschutz ist dann aber in doppelter Funktion das Glied einer Kausalkette: Einerseits ist er die Wirkung der verursachenden Mutationen, andererseits eine Ursache für die Verbreitung der hellfarbigen Hasen.

Die Warum-Frage ist in dieser Sicht eine rückwärtsgerichtete, die Wozu-Frage eine vorwärtsgerichtete Kausalfrage. Finale Absichten des Menschen sind als Handlungsmotive ohnehin kausaler Natur.

Eine ausführliche Diskussion der Kausalitätsproblematik mit weiterführenden Literaturhinweisen findet der Leser in meinem Aufsatz ›Die Kausalitätsproblematik in der Wissenschaftstheorie und in der sozialen Praxis‹ (1973).

3. Das aktionale Erkenntnisinteresse

Das aktionale Erkenntnisinteresse fragt nach Möglichkeiten des Handelns, der Praxis, der Intervention, ist also an der strategischen Beeinflussung der Phänomene interessiert. Seine umgangssprachliche Form lautet:

»Was ist zu tun?«

Es gibt generative, d.h. erzeugende und präventive, d.h. verhindernde Aktionen. Modifizierende Aktionen können zu den generativen gerechnet werden, weil sie veränderte Zustände erzeugen wollen. Insofern die strategischen Aktionen Ursache für beabsichtigte Wirkungen sein wollen, sind aktionale Theorien spezielle kausale Theorien, und die beschriebene Kausalitätsproblematik gilt mithin auch für sie.

III. Die Erkenntnisangebote

Die Antworten auf die phänomenale, die kausale und die aktionale Fragestellung führen zu *phänomenalen, kausalen und aktionalen Theorien.*

Theorien bestehen aus *Hypothesen* und/oder *Thesen.* Thesen sind Behauptungen, Hypothesen sind Vermutungen. Thesen und Hypothesen sind Aussagen über Erkenntnisgegenstände in Form von Sätzen. Das Wesen des wissenschaftlichen Satzes ist nicht, daß er wahr ist, sondern daß er in allseits verständlichen bzw. wohldefinierten Begriffen eine mehr oder weniger allgemeine Aussage formuliert. Wissenschaft kann nicht Wahrheit gewährleisten, sondern objektive Kommunikation und damit effizienteres arbeitsteiliges Handeln.

Die Verständlichkeit wissenschaftlicher Sätze hängt von der Verständlichkeit ihrer *Begriffe* ab. Damit ist nicht die Vermeidung von Fremdwörtern gemeint; Fremdwörter sind oft genauer definiert als ihre umgangssprachlichen Übersetzungen. Ein Begriff ist verständlich, wenn klar ist, was er umgreift, d. h., wenn eindeutig ist, welche Gegenstände bzw. Ereignisse bzw. Elemente hineingehören und welche nicht. Elemente, die in einem Begriff zusammengefaßt werden, müssen mindestens ein Merkmal oder ein Merkmalskombinat gemeinsam haben, das sonst nicht vorkommt. Die Definition eines Begriffes sollte seinem tatsächlichen Gebrauch entsprechen.

Beispiel: Die Definition »Verwahrlosung ist ein durch Umwelteinflüsse entstandenes Unvermögen (oder mangelnde Bereitschaft), den Anforderungen einer Gesellschaft oder Gruppe zu entsprechen« (vgl. CLAESSENS et al. 1976, S. 176) enthält nicht nur eine im Einzelfall kaum prüfbare ätiologische Unterstellung, sondern geht am gesellschaftlichen und wissenschaftssprachlichen Umgang des Begriffes vorbei, weil nach ihr jeder Neurotiker, jeder geniale Künstler, jeder radikal-sozialistische Student etc. zu den Verwahrlosten gezählt werden müßte. Die Definition »Verwahrlosung ist fortgesetztes und allgemeines Sozialversagen« (HARTMANN 1970, S. 5) trifft den tatsächlichen Sprachgebrauch wesentlich besser, weil sie partielle und episodische Normabweichungen ausklammert.

Für die Brauchbarkeit von Begriffen gibt es zwei Kriterien: *Präzision* und *Konsistenz.* Präzise ist ein Begriff, wenn ein Beobachter bei jedem Ereignis unterscheiden kann, ob es zum Begriff gehört oder nicht. Konsistent ist ein Begriff, wenn diese Zuordnung von allen Beobachtern in übereinstimmender Weise vorgenommen wird.

Beispiel: Wenn es einem Richter in allen Fällen möglich sein sollte, eindeutig festzustellen, ob ›Verfassungswidrigkeit‹ vorliegt oder nicht, wäre sein Verfassungswidrigkeitsbegriff präzise. Konsistent wäre die Begriffsbildung, wenn alle Richter im Geltungsbereich des Gesetzes übereinstimmende Zuordnungen vornehmen würden.

Ein Verfahren zur empirischen Bestimmung der Präzision und Konsistenz von Begriffen gibt OPP (1970, S. 140).

Die Lehrbücher der Logik enthalten etliche nicht immer übereinstimmende *Definitionsregeln*. Die wichtigsten gehen auf ARISTOTELES zurück:

- Ein Begriff wird durch die nächste Gattung und den Artunterschied definiert (z. B. Schimmel = weißes Pferd; hier ist ›Pferd‹ der nächste Gattungsbegriff und ›weiß‹ der Artunterschied).
- Der Artunterschied muß ein Merkmal oder eine Gruppe von Merkmalen sein, die nur dem vorliegenden Begriff zukommen und bei anderen Begriffen fehlen, die zur selben Gattung gehören.
- Eine Definition muß angemessen sein, d. h. nicht zu weit und nicht zu eng.
- Sie darf keinen Zirkelschluß enthalten.
- Sie darf keine logischen Widersprüche enthalten.
- Sie darf nicht nur negativ bestimmt sein.
- Sie darf keine Zweideutigkeiten enthalten.

(vgl. KONDAKOW, 1983, S. 81)

C. Die verschiedenen Erkenntniswege

I. Der mystisch-magische Erkenntnisweg

Wenn man die Hand- und Wörterbücher der neuzeitlichen Philosophie befragt, muß man feststellen, daß einige weder die ›Mystik‹ noch die ›Magie‹ aufführen (z.B. das 6bändige Handbuch philosophischer Grundbegriffe von KRINGS et al.), andere nur die ›Mystik‹ erläutern (z.B. das Fischer-Lexikon Philosophie von DIEMER u. FRENZEL) und einige weitere mit affektiven Ressentiments aufwarten (z.B. das Philosophische Wörterbuch von KLAUS u. BUHR 1971, S.753:

»Ihren subjektivistischen, irrationalistischen, religiös-idealistischen Grundlagen nach ist die Mystik eine zutiefst unwissenschaftliche, welt- und menschenentstellende und verzerrende Weltanschauung. Ihre Methoden zur Erreichung bestimmter Seelenzustände sind vielfach ekelerregend und verletzen die Würde des Menschen.«)

Eine sachlichere Darstellung, die deshalb ausführlich zitiert sein soll, liefert HOFFMEISTER:

»Mystik, von gr. ›ta mystiká‹, ›die Mysterien‹, dies von gr. ›mýein‹ ›die Augen schließen‹, um alle sinnliche Wahrnehmung auszuschalten und statt ihrer zur inneren, göttlichen Erleuchtung zu gelangen, aber auch den Mund schließen, um den Uneingeweihten die Mysterien nicht zu verraten. Daher bedeutet ›mystiká‹ das, was nicht ausgesprochen werden darf und kann, dann besonders alles, was symbolisch und allegorisch zu verstehen ist, da die Mysterientheologen ihre Lehren in Symbolen ausdrückten. Durch diese Grundbedeutung von ›mystiká‹ ist der Sinn des Wortes M. bestimmt. M. im engeren Sinne ist die durch kultische Handlungen und ihnen entsprechende seelische Erlebnisse erstrebte und erreichte Berührung mit dem Göttlichen. Zu den kultischen Mitteln, mit denen die Vereinigung mit der Gottheit erreicht wird, gehören die heiligen Mahlzeiten mit ihrem Essen und Trinken der göttlichen Substanz, die heilige Hochzeit (›hierós gámos‹), in der die Gottheit als der »Seelenbräutigam« erscheint; auch die Verwendung von Erregungs- und Berauschungsmitteln, von Musik und Tanz kann dem Wunsch nach Erreichung der Ekstase dienen. Der edlere, seelische Weg zur Herbeiführung mystischen Erlebens ist die Übung in Askese, Kontemplation und Meditation. Zur Weltanschauung wird die Mystik dadurch, daß in ihr die Stellung des Menschen zur Welt in derselben Weise wie die zur Gottheit eine besondere wird. Der Mensch wird sich der Einheit seines Wesens mit dem der Welt bewußt, er hebt die Spaltung in Subjekt und

Objekt auf. Das göttliche Wesen, das die Welt als deren Geist und Leben durchströmt, lebt und offenbart sich auch im Menschen als einem Glied des großen Gesamtorganismus der Welt. Nicht mehr er lebt, denkt, will, handelt, sondern Gott als das Leben der Welt lebt, denkt, will, handelt in ihm und durch ihn. Die »Erleuchtung« des Mystikers tritt in dem Augenblick ein, wo er dies erkennt und damit sein Leben in Gott und Gott sein Leben in ihm beginnt. Dies führt zur mystischen Metaphysik, in der das Geheimnis des Zusammenhanges von Gott, Mensch und Welt aus unmittelbarem religiösem Erleben heraus erschaut und in Bildern und Symbolen dargestellt wird. Das Weltbild der Mystiker neigt zur Allbeseelung, und das durch dieses Weltbild geforderte Denken in Ganzheiten bringt die eigentümliche Denkform der M. hervor.« (1955, S. 417)

»Magie, gr. ›mageia‹« (womit die Griechen die Kunst – Astrologie, Traumdeutung, »Zauberei« – der Magie [altpers. magusch], d.h. der Angehörigen der altpersischen Priesterkaste bezeichneten), die übernatürliche, in die Natur und Menschen hineinwirkende, sie verwandelnde Macht. Nach ihren fordernden oder nachteiligen Wirkungen unterscheidet man »weiße« und »schwarze« Magie. … Magisch werden Wirkungen, Tatsachen genannt, die ihre Ursache nicht in der gewohnten Kausalreihe haben. …das Vermögen, Ideales in Reales übergehen zu lassen. (HOFFMEISTER 1955, S. 390)

Wenn man von den Selbstdarstellungen der Mystik ausgeht, finden sich immer wieder einige Kernelemente, die sich ungefähr in folgende *Kurzdefinition* zusammenfassen lassen. Der mystisch-magische ist derjenige Erkenntnisweg, der über die sogenannte ›unio mystica‹ eine spirituelle Vereinigung mit dem Erkenntnisgegenstand herstellt, durch meditative Selbstversenkung Erkenntnisse darüber anstrebt und diese mit magischen, d.h. mit wissenschaftlich nicht erforschten bzw. grundsätzlich unerforschlichen geistigen Beeinflussungskräften in die Praxis umzusetzen versucht.

Das Wesen der Dinge wird nicht aus dem Erkenntnisprozeß herausgehalten bzw. der rückschließenden Hypothesenbildung überlassen, sondern direkt dadurch angegangen, daß der Mystiker das Wesen der Dinge auf sein eigenes Wesen einwirken läßt und es dort durch Innenschau wahrzunehmen trachtet.

Der Begriff *Mystik* zielt mehr auf die Erkenntnis durch Selbstversenkung und ›unio mystica‹, der Begriff *Magie* mehr auf Erkenntnisse über Wirksamkeiten des menschlichen Geistes nach außen. In der Realität sind diese beiden Aspekte eng verknüpft, weil magisches Handeln aus mystischem Erkennen fließt und das mystische Erkennen schon selbst magische Wirkungen zeitigt.

Beispielsweise ist die Liebesvereinigung zugleich Erkennen und Bewirken –
Adam befruchtete Eva, als er sie ›erkannte‹ (vgl. Schöpfungsgeschichte im
Alten Testament).

Die erotische Vereinigung dient in der mystischen Literatur häufig
als Gleichnis der unio mystica:

»O du gießender Gott in deiner Gabe! O du fließender Gott in deiner Liebe!
O du brennender Gott in deiner Begier! O du schmelzender Gott in deiner
Einengung mit deiner Geliebten! O du ruhender Gott an meinen Brüsten,
ohne den ich nicht sein kann!« (MECHTHILD VON MAGDEBURG, 1212–1277,
zitiert nach BUBER, 1948, S. 64)

Kulturanthropologisch lassen sich zwei Grundformen des mystisch-magischen Erkenntnisweges unterscheiden:
die ›Rausch-Mystik‹, die Musik, Tanz, Sexualität, Ekstase, Alkohol
und andere Drogen (in der gegenwärtigen westlichen Kultur besonders LSD) zur ›Öffnung der Sinnespforten‹ und zur ›Transpersona-
lisierung des Bewußtseins‹ einsetzt, und die ›meditative Mystik‹, die
sich der unio mystica über einen langen, mehrere Reifestufen umfassenden Entwicklungsweg annähert.

Dabei werden mindestens drei Stufen unterschieden:
1. Via purgativa seu negativa (Abkehr von allem Sinnlichen und körperli-
   chen Begehren durch radikale Askese).
2. Via illuminativa (innere Erleuchtung, geistiges Schauen).
3. Via unitiva (Vereinigung mit Gott bzw. Natur bzw. All).

Die Gefahr der Rausch-Mystik ist, daß Illusionen, Phantasien und
Projektionen des persönlichen Unbewußten für Erleuchtungen und
Offenbarungen gehalten werden und wirkliche transzendierende
Erkenntnisse nach der Rückkehr aus dem Rauschzustand nicht
mehr begriffen oder gar in die Lebenspraxis umgesetzt werden
können.

Es ist schwierig, die Vorgehensweise des mystisch-magischen Erkenntnisweges zu beschreiben. Die Mystiker äußern sich darüber
nur in dunklen Paradoxien. Der Anspruch auf eindeutige sprachliche Darstellung geht am Wesen des mystisch-magischen Erkenntnisweges vorbei.

»Nun spricht« – so heißt es bei Meister Eckhardt – »die Braut im Hohenlie-
de: Ich habe überstiegen alle Berge und all meine Vermögen, bis an die
dunkle Kraft des Vaters. Da hörte ich ohne Laut, da sah ich ohne Licht, da
roch ich ohne Bewegen, da schmeckte ich das, was nicht war, da spürte ich
das, was nicht bestand. Dann wurde mein Herz grundlos, meine Seele
lieblos, mein Geist formlos und meine Natur wesenlos. Nun vernehmet, was

sie meint! Daß sie spricht, sie habe überstiegen alle Berge, damit meint sie ein Überschreiten aller Rede, die sie irgend üben kann aus ihren Vermögen, – bis an die dunkle Kraft des Vaters, wo alle Ruhe endet.« (Zitiert nach BUBER 1984, S. XXIX).

Die Logik unserer Sprache ist die Logik unseres wissenschaftlichen Denkens. Ihre Beschränkungen übertragen sich auf dieses. Diese Relativierung ergibt sich bereits aus dem rationalen Denken selbst. WITTGENSTEINS berühmter »Tractatus logico-philosophicus« (1922) gipfelt deshalb in der Schlußfolgerung:

»Meine Sätze erläutern dadurch, daß sie der, welcher mich versteht, am Ende als unsinnig erkennt, wenn er durch sie – auf ihnen – über sie hinausgestiegen ist (er muß sozusagen die Leiter wegwerfen, nachdem er auf ihr hinaufgestiegen ist) … Wovon man nicht sprechen kann, darüber muß man schweigen!« (1921, Ziffer 6.54 und 7)

Der mystisch-magische Erkenntnisweg operiert mehr mit Bildern als mit Wörtern. Sein *historischer Höhepunkt* liegt in vorgeschichtlichen Zeiten, als die Menschen die Schrift noch nicht entwickelt hatten. Während die Bibel ein Text-Buch ist, sind die Tarot-Karten der Zigeuner ein Bilder-Buch. Die Symbolik der Tarot-Karten scheint die Traditionen der vorgeschichtlichen ägyptischen Kultur, wenn nicht noch ältere Mythen zu enthalten (vgl. PAPUS 1981).

Die zugleich entbergende und verbergende Wirkung der bildhaften Botschaften erläutert Jesus von Nazareth seinen bereits eingeweihten Jüngern:

»Euch ist's gegeben, zu wissen die Geheimnisse des Reiches Gottes, den anderen aber in Gleichnissen, auf daß sie es nicht sehen, ob sie es schon sehen, und nicht verstehen, ob sie es schon hören.« (NT, LUKAS 8,10)

In den etablierten Wissenschaften wird der mystisch-magische Erkenntnisweg einerseits tabuisiert, andererseits kann er doch nicht völlig ignoriert werden:

– Die Effektivität hypnotischer und suggestiver Methoden in der psychosomatischen Medizin ist allgemein bekannt (vgl. z.B. HOFFMANN 1981).
– Jerome FRANK, einer der bekanntesten Psychotherapieforscher in den USA, kam nach seinen Untersuchungen zu der Überzeugung, daß die Wirksamkeit moderner Psychotherapie und die Wirksamkeit magischer Praktiken von den gleichen Wurzeln zehren (vgl. FRANK 1981).
– BANDLER und GRINDER zogen die Konsequenz aus der Tatsache, daß nicht die Zugehörigkeit zu einer bestimmten Therapierichtung über Erfolg oder Mißerfolg entscheidet, sondern die Art der Persönlichkeit des Therapeuten, und untersuchten sorgfältig die »magischen Qualitäten der therapeutischen Zauberer« Milton H. ERIKSON, Virginia SATIR, Gregory BATESON, Fritz PERLS, die gänzlich unterschiedliche Therapieformen vertreten. Sie

fanden bei ihnen bestimmte gemeinsame Sprechweisen und gelangten zu der Schlußfolgerung: »Diese Sprache des Wachstums ist die Struktur der Magie!« (BANDLER u. GRINDER 1981, Bd. 1, S. 208).

– In der Soziologie ist die ›charismatische‹ Wirkung großer Führerpersönlichkeiten Gegenstand von Theorien zur Erklärung von Herrschaft und Gehorsam. WEBER: »In den beiden in der Vergangenheit wichtigsten Figuren: des Magiers und Propheten einerseits, des geborenen Kriegsfürsten, Bandenführers, Condottiere andererseits, ist das Führertum in allen Gebieten und historischen Epochen aufgetreten.« (1968, S. 109)

– Auch in der Pädagogik wird immer wieder von herausragenden Erzieherpersönlichkeiten berichtet, die nicht mit einer bestimmten Methode, sondern mit der Art ihrer Persönlichkeit wirken. In der Verwahrlosungspädagogik war AICHHORN eine solche hochwirksame Persönlichkeit. In seiner Umgebung galt er als ›Zauberer der Erziehung‹. Seine Methoden variierten von Klient zu Klient, auch seine Theorien waren wenig stabil, ohne daß er das selbst zu merken schien (vgl. AICHHORN 1965).

– Im Auftrag der wissenschaftlich sehr renommierten Menninger-Foundation beobachtete Doug BOYD den indianischen Medizinmann ROLLING THUNDER, der mit mystisch-magischen Mitteln als Arzt, Sozialpädagoge und Politiker für seinen Stamm tätig ist. BOYDs Bericht hat in den USA großes Aufsehen erregt.

– 1981 erkannte die Welt-Gesundheits-Organisation (WHO) die schamanistischen Heilverfahren für den psychiatrischen und psychosomatischen Bereich als gleichrangige Behandlungsmethoden an.

– Viele bedeutende Wissenschaftler, die das neuzeitliche westliche Denken prägten, hatten starke mystisch-magische Neigungen (z. B. KOPERNIKUS, PASCAL, SPINOZA, NEWTON, PEIRCE, FREUD, JUNG).

– Die Annäherung des modernen naturwissenschaftlichen Denkens an das Weltbild der Mystik dokumentiert das von WILBER herausgegebene Buch »Das holographische Weltbild – Wissenschaft und Forschung auf dem Weg zu einem ganzheitlichen Weltbild« (1986).

Meine *eigene Vertrautheit* mit mystisch-magischen Phänomenen stammt aus einer langen Reihe von Erfahrungen: Als Kind einer mecklenburgischen Bauernfamilie lernte ich sehr früh die Arbeit von Kräuterfrauen und Wahrsagerinnen kennen; im Studium wohnte ich mehrere Semester als Untermieter bei einer Frau, die mittels Karten und Pendel eine Vielzahl leicht kontrollierbarer Vorhersagen aussprach, die sich fast immer als richtig herausstellten; später gewann ich selbst mit Hilfe der Tarotkarten Einsichten über Menschen, die sich mit den üblichen psychologischen Methoden nicht erreichen ließen; in der Psychotherapie erlebte ich die Aussage- und Wirk-Kraft von Symbolen. Dazu ein kleines Beispiel:

Ein ursprünglich fleißiger und erfolgreicher Finanzbeamter geriet in eine ernste Verwahrlosungsepisode mit extremer Arbeitsbummelei, Vernachlässigung der Körperpflege, Tagsüber-im-Bett-Bleiben, Alkoholmißbrauch etc. und kam deshalb zu mir. Sein erster Traum zeigte ihn in einem ›hoch-herrschaftlichen Haus‹, in dessen Vorgarten er Kartoffeln gepflanzt hatte. Durch das Fenster sah er, wie ein Ziegenbock die Kartoffelpflanzen abfraß. Er nahm ein Gewehr und wollte ihn erschießen, tat es dann aber doch nicht. Ich hätte nun versuchen können, die Symbole ›hochherrschaftliches Haus‹, ›Gewehr‹, ›Ziegenbock‹ mit Hilfe von freien Assoziationen tiefenpsychologisch zu deuten oder gar in bestimmte Theoreme, z. B. das von der Tendenz zur Selbstkastration, einzuordnen. Das tat ich nicht, sondern ich ging in den weiteren Gesprächen einfach davon aus, daß es in dem Patienten wirklich einen Ziegenbock gibt, der drauf und dran ist, die Ernte im Vorgarten des hochherrschaftlichen Hauses wegzufressen, und daß es im Patienten einen anderen gibt, der jenen Ziegenbock töten möchte und der den Standortvorteil genießt, mit dem Wort ICH bezeichnet zu werden. Im Sinne der unio mystica bemühte ich mich, den Abstand des Therapeuten zum Patienten aufzugeben, das Wesen seines Bockes auf mich einwirken zu lassen, sich mit ihm zu identifizieren und ihn dadurch zur Entfaltung zu bringen. Tatsächlich wurde er geradezu schlagartig ›bockig‹: Er setzte sich Autoritäten gegenüber zur Wehr und eroberte auf der Rolltreppe eines Kaufhauses mit einer unverhüllten sexuellen Attacke eine Frau, mit der er noch immer zusammenlebt und die bis heute nicht verstehen kann, wie sie auf eine derart primitive Werbung hereinfallen konnte. Die Therapie konnte sehr schnell abgeschlossen werden. Ich vermute einen Zusammenhang zwischen der mystisch-magischen Komponente der Therapie und ihrem Erfolg, kann ihn aber natürlich nicht beweisen.

Es stellt sich nun die schwierige Frage, welche *Bedeutung der mystisch-magische Erkenntnisweg in der Praxis der sozialen Berufe* haben kann. Er beansprucht, das Wesen eines anderen Menschen erkennen und entfalten zu können.

Dazu ein allegorischer Vergleich: Wenn Lackmuspapier erkennen will, welcher Art eine bestimmte Flüssigkeit ist, muß es hinein und sie auf sich wirken lassen. Wird es rot, handelt es sich um eine Säure, wird es blau, um eine Lauge. In diesem Erkenntnisakt vollzieht sich zugleich die Wesensentfaltung der Flüssigkeit, nämlich ihre spezifische Auswirkung auf das Lackmuspapier.

Wenn ein Sozialpädagoge einen anderen Menschen auf mystisch-magischem Erkenntniswege verstehen will, muß er ebenfalls seine Distanz aufgeben, sich dem Wesen seines Gegenübers ausliefern und dessen Auswirkungen auf das eigene Wesen durch Innenschau erfühlen. Allerdings sollte er sich der Verzerrungen seiner inneren Kamera möglichst bewußt sein, um die innerseelischen Impressionen richtig lesen zu können.

Eine solche ›unio mystica‹ mit dem Klienten könnte mit dem Einwand zurückgewiesen werden, daß sie zuviel Zeit und Kraft koste.

Diese Befürchtung kann ich aus meiner Erfahrung nicht bestätigen – im Gegenteil. Liebe ist eine merkwürdige Batterie: Sie lädt sich durch Entladung auf. Ich meine mit Liebe in diesem Zusammenhang die Fähigkeit und Bereitschaft, am Leid des anderen zu leiden und sich an der Freude des anderen zu freuen. Diese Art von Liebe ist die notwendige, allerdings nicht hinreichende Voraussetzung des mystisch-magischen Erkenntnisweges in der sozialen Praxis.

Weil der mystisch-magische Erkenntnisweg im gegenwärtigen Wissenschaftsbetrieb abgelehnt wird, habe ich bisher seine positiven Möglichkeiten hervorgehoben. Er hat aber wie jeder andere Erkenntnisweg auch gewichtige *Nachteile:* Er entzieht sich weitgehend der sprachlichen Kommunikation. Mystisch-magische Erkenntnissucher sind in der Regel einsame Menschen, ihre Aussagen sind dunkel und vieldeutig. Großgesellschaften sind jedoch auf Maximierung der verbalen Kommunikation angewiesen.

Es gibt auf dem mystisch-magischen Erkenntnisweg kaum objektive Möglichkeiten, wahre von falschen Einsichten zu unterscheiden. Kein Erkenntnisweg kann absolute Wahrheit garantieren, aber maximale Glaubwürdigkeit ist doch das Ziel aller wissenschaftlichen Anstrengungen. Auch der Adept des mystisch-magischen Erkenntnisweges strebt nach maximaler Glaubwürdigkeit, aber er strebt sie sich selbst gegenüber an; ob andere ihn für einen ›Narren‹ und seine Erkenntnisse für ›Aberglauben‹ halten, beschäftigt ihn wenig.

Man gewinnt vor sich selbst aber keine Glaubwürdigkeit, wenn man in mystizistische Leichtgläubigkeit und okkultistische Schwärmerei verfällt. Nicht alles, was aus dem ›Bauch‹ aufsteigt, ist Erleuchtung. Der ernsthaft mystisch-magisch Suchende zeichnet sich durch radikale Selbstzweifel und kritische Rationalität aus.

»Wenn Skepsis und Sehnsucht sich begatten, entsteht die Mystik« (NIETZSCHE, 1922, S. 22).

Gefahren der Magie liegen darin, daß sie mit unkontrollierter persönlicher Macht einzelner verbunden ist, daß sie oft in Scharlatanerie entartet und daß sie Menschen anzieht, die sich von den Anstrengungen sorgfältigen Denkens befreien wollen.

Es ist leicht nachvollziehbar, daß der mystisch-magische Erkenntnisweg seine Dominanz verlor, als die Menschen Großgesellschaften mit einheitlichen weltanschaulich-religiösen Dogmen bildeten, und daß die weitgehende Ausmerzung seiner subversiven Fortexistenz im Zuge der Aufklärung nicht nur zu einem Verlust naturnaher Heilkunde führte, sondern auch als Befreiung von Hexen- und Gespensterangst begrüßt wurde.

Auf der anderen Seite ist jedoch ebenso verständlich, daß in unserer Zeit eine *Rückbesinnung auf mystisch-magische Möglichkeiten* stattfindet, da sich die Hoffnungen auf die Früchte reiner Rationalität nicht erfüllt haben, im Gegenteil – die alten Ängste wurden durch größere neue Ängste ersetzt. Die Angst vor den unberechenbaren Launen der Dorfhexe war wahrscheinlich erträglicher als die Angst vor der Lebensfeindlichkeit neuzeitlicher Technokratie.

Ein *Lehrbuch* des mystisch-magischen Erkenntnisweges liegt nicht vor und würde wohl auch seinem Wesen nicht entsprechen. Eine eindrucksvolle Einführung in mystisch-magische Einsichten sind die von BUBER gesammelten und von MENDES-FLOHR neu herausgegebenen »Ekstatischen Konfessionen« aus der europäischen, christlichen, jüdischen, arabischen, indischen und chinesischen Mystik. Ursprünglichere Formen des mystisch-magischen Erkenntnisweges aus der indianischen Tradition werden von Doug BOYD in »Rolling Thunder« beschrieben.

II. Der deduktiv-dogmatische Erkenntnisweg

Deduktion ist die Ableitung des Besonderen vom Allgemeinen. Das Dogma ist das Lehrgebäude, von dem abgeleitet wird.

Definition: Der deduktiv-dogmatische Erkenntnisweg ist derjenige Erkenntnisweg, der von der Richtigkeit einer bestimmten umfassenden Theorie ausgeht und der auf die drei genannten zentralen Fragestellungen mit Antworten reagiert, die von der Grundtheorie logisch abgeleitet werden.

Beispielsweise hatte Heinrich HERTZ Vertrauen zur elektromagnetischen Theorie MAXWELLS, fand deshalb die Radiowellen und begründete damit die Rundfunktechnik.

Soweit die *Technik* sich der Physik anvertraut, benutzt sie den deduktiv-dogmatischen Erkenntnisweg.

Ausschließlich deduktiv-dogmatisch geht die *Mathematik* vor.

Wenn jemand einem Mathematiker mitteilt, er habe zu Hause ein zweidimensionales Dreieck, dessen Winkelsumme nicht 180 Grad, sondern 185

Grad betrage, wird jener diesen nicht aufgeregt heimsuchen, um die revolutionäre Entdeckung zu überprüfen, sondern ohne hinzuschauen konstatieren: »Dein Dreieck ist kein Dreieck!« Wäre der Winkel-Summen-Satz von einem fleißigen Geometer durch Messungen vieler Dreiecke ermittelt worden, hätte die Mitteilung den Mathematiker durchaus irritieren müssen; aber der Winkel-Summen-Satz stammt nicht aus der Erfahrung, sondern aus logischen Ableitungen, die auf die basalen Axiome der Mathematik zurückgehen. Die Grundaxiome der Mathematik werden allgemein als einleuchtend bzw. ›evident‹ empfunden. Wer sie nicht für evident hält, wird immerhin ihre glänzende Bewährung in den Naturwissenschaften anerkennen.

Schwieriger sieht es da schon mit der *dogmatischen Theologie* aus, die jahrhundertelang den europäischen Wissenschaftsbetrieb beherrschte. Ihre Basis waren und sind die vielschichtigen und zum Teil widerspruchsvollen Texte der Bibel. Die Deduktionsregeln bezog sie aus der aristotelischen Logik.

Beispielsweise glaubten die Gelehrten der christlichen Kirche, aus der Bibel ableiten zu können, daß die Physik GALILEIs und die Evolutionslehre DARWINs falsch seien. Der Dogmatismus liegt hier natürlich nicht in der Bibel, sondern in dem autoritär abgesicherten Interpretationsmonopol der katholischen Kirche, die die (inzwischen eingeräumten) alternativen Interpretationsmöglichkeiten zunächst unterdrückte.

Von besonderer gesellschaftlicher und sozialpraktischer Bedeutung ist das *dogmatische Recht*.

Das dogmatische Recht ist für die Angehörigen der sozialen Berufe der wichtigste Teil der Rechtswissenschaft. Ihnen wird in ihrer Ausbildung vermittelt, wie man aus Gesetzesvorschriften Rechtsfolgen deduziert. Sie erfahren in der Regel weniger darüber, aus welchen gesellschaftlichen Prozessen Gesetze entstehen und wie Sozialarbeiter diese Prozesse aktiv beeinflussen können.

Deduktiv-dogmatisch war ferner die *Rhetorik* in ihrer ursprünglichen, aristotelischen Form. ARISTOTELES ging es nicht wie den Rhetorikern späterer Jahrhunderte um möglichst effektvolles Überreden mittels manipulativer Redetechniken, sondern um glaubwürdiges Überzeugen aufgrund logischer Ableitungen. In Bereichen, in denen uns nicht (wie z. B. in der Mathematik) unmittelbar evidente bzw. denknotwendige Anfangssätze zur Verfügung stehen, kann man immerhin von den jeweils als gültig angesehenen Auffassungen und Meinungen ausgehen und von ihnen logisch weitere Thesen deduzieren.

Nach ARISTOTELES muß man »entweder die Meinungen nehmen, an denen alle festhalten oder die meisten oder die Weisen, und von den Weisen entweder alle oder die meisten oder die angesehensten, oder muß auch die

Meinungen nehmen, die den geläufigen entgegengesetzt sind, und die, die in den Künsten und Wissenschaften gelten. Die den geläufigen entgegengesetzten Meinungen muß man aber in dem vorhin angezeigten Sinne aufstellen, d. h. verneinend.« (1968, S. 17)

Auch das Zitieren von Autoritäten ist oft deduktiv-dogmatisch.

»Man muß seine Sätze auch aus geschriebenen Ausführungen nehmen... Auch muß man die Meinungen der jeweiligen Gewährsmänner als solche bezeichnen, muß z. B. anmerken, daß Empedokles vier körperliche Elemente gelehrt hat. Denn was ein angesehener Mann gesagt hat, wird man einem bereitwillig als haltbare These gelten lassen.« (ARISTOTELES a.a.O. S. 17 f.)

Die aristotelische Rhetorik erlebt zur Zeit eine Renaissance (vgl. KOPPERSCHMIDT 1976; PERELMAN 1979 und 1980), die für die sozialen Berufe von besonderer Bedeutung ist, weil dort die Argumentationsketten mangels abgesicherter wissenschaftlicher Theorien notgedrungen von Auffassungen und Meinungen ausgehen müssen, deren Anerkennung bei den Adressaten der Argumentation vorausgesetzt werden können.

Beispielsweise stimmen argumentierende Sozialarbeiter und zuhörende Vormundschaftsrichter in der Regel darin überein, daß pädosexuelle Kontakte den betroffenen Kindern schaden – ganz im Gegensatz zu den Auffassungen der Interessenverbände der Pädophilen.

In den *Sozialwissenschaften* können Theorien von sogenannten Schulen zu Dogmen erhoben und im Ausbildungsbetrieb durchgesetzt werden.

Sogar so revolutionären Geistern wie K. MARX und S. FREUD sind dogmatische Anhänger nicht erspart geblieben; am Ende ihres Lebens gehörten sie schließlich selbst dazu. Wieder richtet sich der Vorwurf nicht gegen die Theorien, sondern gegen ihre nachträgliche Dogmatisierung. Gerade die Theorien MARXs und FREUDs haben sich für das Verständnis vieler sozialer Phänomene als sehr fruchtbar erwiesen, aber sie sind wie alle anderen sozialwissenschaftlichen Theorien weit davon entfernt, die Praxis der sozialen Berufe so anleiten zu können, wie die Physik die Praxis des Technikers anzuleiten vermag. Wahrscheinlich wird nie eine derartige Praxisanleitung möglich sein, weil sich die sozialen Verhältnisse anders verändern als die physischen und weil die sozialwissenschaftlichen Theorien an der Veränderung ihres Gegenstandes mitwirken. Daß die Vorhersagen der marxistischen Theorie zum Teil nicht eintrafen, lag möglicherweise gerade daran, daß sie viel Wahrheit enthielten und deshalb das politische Verhalten der Beteiligten auf beiden Seiten des kapitalistischen Antagonismus beeinflußten. Daß heute die Sexualprobleme anders aussehen als zu Zeiten FREUDs, geht u. a. auch auf dessen Wirken zurück.

Der deduktiv-dogmatische Erkenntnisweg hatte seine größte *historische Bedeutung* als Nachfolger des mystisch-magischen Erkenntnisweges, weil dieser für die staatliche Organisation verschiedener Stämme untauglich war. Eine Großgesellschaft mit einheitlich dogmatischem Lehrgebäude hatte in der Auseinandersetzung mit anderen Gesellschaften wichtige Konkurrenzvorteile, vor allen Dingen, solange das Dogma noch nicht anachronistisch war, solange es also die gemeinsame Weltsicht glaubwürdig kodifizierte.

Ohne den Koran, das zentrale Dogma des Islam, hätte beispielsweise wohl kaum ein arabisches Weltreich entstehen können.

Wahrscheinlich hatten die Dogmen der ersten großen Staaten ihre Wurzeln in alten mystisch-magischen Traditionen und von daher ihre metaphysische Autorität.

Der wichtigste *Nachteil* des deduktiv-dogmatischen Erkenntnisweges ist die anachronistische Fixierung auf Weltanschauungen und Theorien in einer sich ständig wandelnden Welt. Sein wichtigster *Vorteil* ist die in seinem Rahmen entfaltete Deduktions-Logik, die nach wie vor das zentrale Fundament rationaler Denkkultur darstellt.

Für interessierte Laien lesbare *Lehrbücher* der deduktiven Logik: KAMLAH und LORENZEN 1967; KLAUS 1972; BOCHENSKI 1980. Über die den Deduktionen zugrundeliegenden Dogmen, Weltanschauungen und Basistheorien kann es naturgemäß keine allgemeinen Lehrbücher geben, weil ihre Menge und Unterschiedlichkeit jeden praktikablen Rahmen überschreiten würde.

III. Der induktiv-empiristische Erkenntnisweg

Die Induktion ist die Schlußfolgerung, die vom Besonderen zum Allgemeinen hinleitet. Die Empirie ist die durch die Sinnesorgane vermittelte Erfahrung.

Definition: Der induktiv-empiristische Erkenntnisweg ist der Versuch, aus den einzelnen besonderen Erfahrungstatsachen zu einer allgemeinen Theorie hinzuleiten.

Die Erfahrung, daß nach sexuellem Verkehr häufig Schwangerschaften eintreten und daß ohne sexuellen Verkehr keine Schwangerschaften eintreten, führte allmählich zu der Theorie, daß ein ursächlicher Zusammenhang zwischen Koitus und Schwangerschaft bestehe. Für diese empiristische Induktion benötigten die Menschen viele Jahrtausende. Davor waren alle Männer lebenslang Söhne und wurden nie Väter.

Die Nutzung der eigenen Sinneserfahrungen als Erkenntnisquelle stand im Gegensatz zu dem in klerikal-feudalistischen Gesellschaften herrschenden deduktiv-dogmatischen Erkenntnisweg. Der induktiv-empiristische Erkenntnisweg ist der *Erkenntnisweg der Handwerker und Kaufleute.*

Für die Bauern war es schwieriger, den induktiv-empiristischen Erkenntnisweg zu nutzen, weil zwischen Handlung (Säen) und Erfolg (Ernten) sehr viel Zeit liegt und mannigfaltige Störeinflüsse die gesuchten Zusammenhänge überdecken und verzerren. Der Bauer ist deshalb gar nicht schlecht beraten, wenn er nach dem Motto »keine Experimente« sich lieber an Traditionen hält, denen er und seine Vorfahren die materielle Existenz verdanken. Die destruktiven Ergebnisse induktiv-empiristisch angeleiteter naturwissenschaftlicher und betriebswirtschaftlicher Unternehmens-Beratung sind heute auf dem Lande offensichtlich. Der deduktiv-dogmatische Erkenntnisweg der Kirche entspricht schon eher der traditionalistisch angeleiteten bäuerischen Wirtschaftsform. Die frühere Bedeutung der Klöster für die Landwirtschaft ist deshalb kein Zufall.

Der legendäre Schmied Wieland fragte als Handwerker nicht die Priester, sondern machte mit seinen eigenen Sinnen die Erfahrung, daß Eisen härter wurde, wenn er ihm beim Schmieden Vogelkot hinzusetzte. Die moderne Chemie kann inzwischen erklären, warum Vogelkot eine eisenhärtende Wirkung hat. Jung Siegfried holte die Schmiedekunst nicht von den Göttern, sondern von den Zwergen, die, wie wir aus der Geschichte von Schneewittchen wissen, ihre empirischen Erkenntnisse im Bergbau sammelten.

Die Kaufleute hatten durch ihre internationalen Kontakte gelernt, die verschiedenen Ideologien, Dogmen und Lehrgebäude aneinander zu relativieren. Ein Christ wird mit einem Mohammedaner kaum gute Geschäftsbeziehungen unterhalten können, wenn er dessen Weltanschauung als heidnische Barbarei behandelt. Daß LESSINGS Held der Toleranz, Nathan der Weise, ein Kaufmann war, paßt gut in dieses Bild.

Als Handwerker und Kaufleute in den Städten zu Reichtum und Macht gelangten, setzte sich mit ihnen auch der induktiv-empiristische Erkenntnisweg durch.

Wenn sie Probleme hatten – beispielsweise mit zunehmenden Bettlerzahlen –, waren sie nicht mehr mit der dogmatisch-theologischen Antwort zu befriedigen, daß die Armut für die Betroffenen eine Gnade Gottes und für die Reichen eine günstige Gelegenheit für fromme Almosenspenden sei, sondern sie erkundeten empirisch die Situation unter der phänomenalen, kausalen und aktionalen Fragestellung.

Die *Vorteile* des induktiv-empiristischen Erkenntnisweges sind offensichtlich; er befreit das Denken von den Bindungen an anachronistische Dogmen und kann sich wegen seiner Erfahrungsorientierung besser auf die jeweils veränderten Realitäten einstellen. Ihm ist der Aufschwung der modernen Natur- und Sozialwisssenschaften zu verdanken.

Ein technischer *Nachteil* des induktiv-empiristischen Erkenntnisweges ist der mit ihm verbundene immense Forschungsaufwand. Er ist im allgemeinen auf große repräsentative Stichprobenvergleiche mit vielen Merkmalen je Stichprobenmitglied angewiesen. Die Datenverrechnung ist meist nur mit Großrechnern der elektronischen Datenverarbeitung zu bewältigen. Beispiele für die aufwendige Forschung auf dem induktiv-empiristischen Erkenntnisweg sind die bekannten Institute der modernen Markt- und Meinungsforschung.

Ein anderer Nachteil ist der Umstand, daß man aus gleichen Erfahrungen sehr unterschiedliche Theorien induzieren kann. Sogar wenn ein Konsens aller Wissenschaftler erreicht ist, kann er falsch sein. Die Beobachtung, daß die Sonne im Osten aufgeht und im Westen untergeht, führte zu der gemeinsamen, plausiblen und doch falschen These, daß die Sonne sich um die Erde drehe. Die Erfahrungsbasis ist also leider keine Wahrheitsgarantie für die aus ihr induzierte Theorie. Deshalb wird das Vertrauen auf den induktiv-empiristischen Erkenntnisweg oft auch ›naiver Empirismus‹ oder ›naiver Positivismus‹ genannt. Es kommt hinzu, daß die Erfahrungen im menschlichen Gehirn nach Begriffen geordnet werden und diese Begriffe theoretische Vorgaben enthalten.

Wirklich zuverlässig ist nur die sogenannte vollständige Induktion.

Wenn beispielsweise festgestellt wurde, daß jeder einzelne Schüler einer Sonderschule einen unterdurchschnittlichen IQ hat, dann darf man induzieren, »alle Schüler dieser Sonderschule haben einen unterdurchschnittlichen

IQ«. Eine solche Induktion ist mit Sicherheit wahr und mit Sicherheit redundant, d.h. ohne Erkenntniszuwachs, weil sie nicht mehr Information einbringt, als die Summe der Einzelmessungen bereits enthielt.

Die unvollständige Induktion, d.h. die Generalisierung von einer Stichprobe auf die Gesamtheit ist zwar nicht redundant, aber auch nicht zuverlässig.

In unserem Beispiel würde auch eine repräsentative Stichprobe von 90% der Schüler nicht ausschließen, daß sich unter den restlichen 10% ein überdurchschnittlich intelligenter Schüler befindet.

Gleichwohl ist die unvollständige Induktion die logische Basis der Wahrscheinlichkeitstheorie und der Statistik, die ihrerseits das wichtigste methodologische Fundament der Erfahrungswissenschaften sowie der von diesen angeleiteten sozialen Praxis darstellt (vgl. EBERHARD 1977).

Wenn beispielsweise ein Jugendgerichtshelfer bei der Beurteilung der sog. ›schädlichen Neigungen‹ gem. § 17 JGG sich auf eine repräsentative Stichprobenerhebung stützen kann, kommt er zu wesentlichen differenzieteren und valideren Prognosen – z.B.: »Bei dem Jugendlichen liegen 6 von 11 erreichbaren statistisch ermittelten Kriminalitätsrisiko-Merkmalen vor; damit liegt seine Kriminalitätswahrscheinlichkeit zwischen 51,1% und 70,0%, bei einem Irrtumsrisiko von weniger als 5%.« (vgl. HARTMANN u. EBERHARD 1972)

Schaut man sich die empiristischen Untersuchungen genauer an, dann fällt auf, daß viele Auswertungen weder der vollständigen noch der unvollständigen Induktion folgen, sondern daß sie oft hermeneutische Interpretationen statistischer Daten darstellen, sich also auf die Induktionslogik gar nicht berufen können (zur Bedeutung der Hermeneutik vgl. E.I.).

Wenn beispielsweise Frau NOELLE-NEUMANN aufgrund einer umfangreichen Erhebung feststellt, daß Studenten eine überwiegend ablehnende Einstellung zur Bundesregierung und zu den Parteien des Bundestages einnehmen, und daraus schließt, daß die Studenten demokratiefeindlich seien, während ich es für möglich halte, daß sich in dieser Ablehnung gerade ein besonders ausgeprägtes Demokratieengagement widerspiegelt, dann sind diese konkurrierenden Interpretationen im engeren Sinne des Wortes nicht induktiv, sondern hermeneutisch.

Ob hermeneutische Interpretation oder induktionslogische Generalisierung von Stichprobenbefunden – in beiden Fällen haben die Ergebnisse hypothetischen Charakter und bedürfen der empirischen Überprüfung (vgl. nächstes Kapitel).

Eine detaillierte Darstellung des gesamten empirischen Forschungsprozesses von der Untersuchungsplanung über die Erhebungsmethoden bis zur statistischen Datenauswertung geben die beiden *Lehrbücher* von J. BORTZ (1984 und 1985).

IV. Der deduktiv-theoriekritische Erkenntnisweg

Die Deduktion hatten wir bereits im Rahmen des deduktiv-dogmatischen Erkenntnisweges kennengelernt und als logische Ableitung des Besonderen vom Allgemeinen definiert. In dieser Hinsicht geht der deduktiv-theoriekritische Erkenntnisweg also genauso vor wie der deduktiv-dogmatische Erkenntnisweg.

Der wesentliche Unterschied liegt darin, daß der Theorie, von der abgeleitet wird, im deduktiv-theoriekritischen Erkenntnisweg nicht geglaubt, sondern im Gegenteil kritisch mißtraut wird. Die Deduktion wird nur veranstaltet, um an ihr prüfen zu können, ob die Theorie stimmt. Ob die Theorie ursprünglich aus Erfahrungen herrührt, aus Traditionen, Mythen oder Träumen, ist dabei ganz gleichgültig.

Definition: Der deduktiv-theoriekritische Weg ist derjenige Erkenntnisweg, der aus dem menschlichen Denken stammende Theorien und daraus deduzierte Prüfhypothesen einer logischen und empirischen Überprüfung zuführt. Die Erfahrung ist hier nicht Baustein der Theorie, sondern ihr Prüfstein.

Wenn man den deduktiv-dogmatischen Erkenntnisweg als These versteht und den induktiv-empiristischen Erkenntnisweg als Antithese, dann kann der deduktiv-theoriekritische Erkenntnisweg als Synthese beider gelten. Er hat seine geschichtlichen Vorgänger im dreifachen Sinne der HEGELschen Dialektik aufgehoben:
– aufgehoben i. S. von aufgelöst
– aufgehoben i. S. von aufbewahrt
– aufgehoben i. S. von angehoben auf ein höheres Niveau.

POPPER, auf den die wissenschaftliche Begründung des deduktiv-theoriekritischen Weges zurückgeht, nennt seine Erkenntnistheorie ›Kritischer Rationalismus‹. Seine Philosophie enthält aber zusätzliche Auffassungen (z. B. Alleinvertretungsansprüche in Sachen Wis-

senschaftlichkeit und die Ideologie von der Wertfreiheit der Wissenschaft), die über den deduktiv-theoriekritischen Erkenntnisweg
weit hinausgehen.

Die Gegner POPPERs werfen ihm Neopositivismus vor, also eine
Modernisierung des klassischen Positivismus, begründet von MILL
(1806–1873) und COMTE (1798–1857), der alle Metaphysik ablehnt
und sich an das hält, was ›positiv‹ gegeben ist, nämlich an die
beobachtbaren Tatsachen bzw. an die durch sie hervorgerufenen
Sinnesempfindungen.

Dem klassischen Positivismus folgte der logische Positivismus des
sogenannten Wiener Kreises (CARNAP, NEURATH, REICHENBACH,
SCHLICK), der die Verbindung von Empirie und Logik, als Wissen-
schaftsbasis definierte.

POPPER stellte sich gegen beide Formen des Positivismus und warf
ihnen Induktionismus vor. Der Positivismus-Vorwurf geht also an
POPPERs Philosophie vorbei. Es gibt aber noch andere Argumente
gegen den Kritischen Rationalismus, auf die wir noch eingehen
werden.

Unabhängig davon hat der deduktiv-theoriekritische Erkenntnisweg aus guten Gründen eine *dominierende Stellung im gegenwärtigen Wissenschaftsbetrieb* und soll deshalb etwas genauer dargestellt
werden.

Die Prozedur der Theorieprüfung

A) *Logische Prüfung*
a) Begriffsanalyse
b) Relationsanalyse
c) Wissenschaftssprachliche Formulierung der Hypothese
d) Tautologieprüfung
e) Widerspruchsprüfung
f) logischer Vergleich mit bewährten Theorien

B) *Empirische Prüfung*
a) Formulierung der Prüfhypothese
b) Operationalisierung
c) Experiment
d) Protokollsatz

e) logischer Vergleich zwischen Protokollsatz und Prüfhypothese
f) Widerlegung (›Falsifikation‹)
   oder Bestätigung (›Verifikation‹)
g) Eliminierung bzw. Modifizierung
   oder Beibehaltung bzw. Weiterentwicklung der Theorie

Erläuterungen

A) *Logische Prüfung*

Die logische Prüfung geht der empirischen voraus, weil sie ohne aufwendige Experimente und Erhebungen leistbar ist und weil sie zu einer Präzisierung der Theorie führt, die für die empirische Über-prüfung ohnehin geleistet werden muß.

a) Begriffsanalyse

Die Inhalte der Begriffe bestimmen die Inhalte der Theorie. Man findet nur in seltenen Fällen sozialwissenschaftliche Texte, die mit wohldefinierten Begriffen präzise bezeichnete Beziehungen darstel-len. Deshalb bleibt dem kontrollierenden Wissenschaftler oder Praktiker meist nichts anderes übrig, als die wichtigsten Begriffe der Theorie selbst herauszuheben und sie aus dem Verständnis des Zusammenhanges so genau wie möglich zu definieren (vgl. Defini-tionsregeln in B. III.)

Häufig kann er dann schon sehr unterschiedliche Verwendungen desselben Begriffes in einem Text nachweisen.

Wenn z. B. auf der einen Seite allgemein festgestellt wird, daß die Angehöri-gen der arbeitenden Klasse nicht mehr Einkommen erhalten, als für ihre Reproduktion unbedingt erforderlich ist, und auf der nächsten Seite Werk-meister und Berufsschullehrer zur arbeitenden Klasse gezählt werden, ist die Verwendung des Begriffes ›Arbeiterklasse‹ unpräzise.

Eine restlos befriedigende Definition kann es allerdings schon aus prinzipiellen Gründen nicht geben, da eine Definition eine Um-schreibung eines Begriffes mit anderen Begriffen ist, die ihrerseits der Definition bedürfen u.s.f. Eine Definition kann also letztlich nicht mehr leisten als die Erläuterung eines unbekannten Begriffs durch mehrere einfachere und bekanntere Begriffe.

b) Relationsanalyse

In der Relationsanalyse werden die Beziehungen der Hauptbegriffe der Theorie zueinander untersucht.

- Zwei Begriffe können einander synonym sein (z. B. »Die Alkoholabhängigkeit bzw. Trunksucht ist das Thema der vorliegenden Untersuchung«)
- Ein Begriff kann eine Teilmenge eines anderen ausmachen (z. B. »Die Hysterien gehören zu den Neurosen«)
- Ein Begriff kann einem anderen eine Eigenschaft oder Tätigkeit zuordnen (z. B. »Betrüger verhalten sich im allgemeinen sehr intelligent«)
- Zwei Begriffe können räumlich assoziiert sein (z. B. »Sucht- und Suicidtendenzen sind meist beieinander«)
- Zwei Begriffe können zeitlich assoziiert sein (z. B. »Nach der Genesung stellt sich oft das Interesse an Körperpflege wieder ein«)
- Ein Begriff kann als notwendiger Grund für einen zweiten figurieren (z. B. »Wenn die Zigarettenwerbung nicht verboten wird, wird der Nikotinmißbrauch nicht zurückgehen«)
- Ein Begriff kann als hinreichender Grund für einen zweiten figurieren (z. B. »Wenn die Zigarettenwerbung verboten wird, wird der Nikotinmißbrauch zurückgehen«)

Die kausalen Beziehungen sind die interessantesten, weil sie den höchsten Erklärungswert haben und die Ableitung praktischer Handlungen ermöglichen.

c) Wissenschaftssprachliche Formulierung der Theorie

Wenn der Wissenschaftler sich Klarheit über die Begriffe einer Theorie und ihre Beziehungen zueinander verschafft hat, kann er die Ergebnisse seiner Analyse in einer präzisen, evtl. sogar formalisierten Schreibweise niederlegen. Die Formalisierung, d. h. die Übersetzung der Begriffe und ihre Beziehungen in Kurzsymbole und normierte Zeichen, erweckt unangenehme Assoziationen an die Formeln der Algebra, gewinnt dabei aber deren Klarheit und macht sie der mathematischen Weiterverarbeitung zugänglich.

Die Frustrations-Aggressions-These von DOLLARD und MILLER (1970) kann z. B. folgendermaßen formalisiert werden:

$\wedge x\,(Fx \rightarrow Ax)$

d. h., für alle Elemente x (= Menschen) gilt: wenn Frustration, dann Aggression. – Oder anders gewendet:

$\wedge x\,(Ax \rightarrow Fx)$

d. h., für alle Menschen gilt, wenn Aggression, dann (vorangegangene) Frustration. Die erste Fassung behauptet, daß alle Frustrierten aggressiv reagieren (was nicht ausschließt, daß viele Aggressive ohne Frustrationen aggressiv sind). Die zweite Fassung behauptet, daß bei allen Aggressiven Frustrationen vorliegen (was nicht ausschließt, daß viele auf Frustrationen nicht mit Aggressionen reagieren).

Soll die Frustration hinreichender und notwendiger Grund für Aggressionen sein, handelt es sich um eine sogenannte Äquivalenz, und die Formulierung lautet:

$$\wedge x \, (Fx \longleftrightarrow Ax)$$

d.h. für alle Menschen gilt: immer und nur wenn Frustration, dann Aggression. Es liegt auf der Hand, daß die verschiedenen Formalisierungen unterschiedliche kausale Beziehungen darstellen und unterschiedliche Praxis anleiten.

d) Tautologieprüfung

Eine tautologische Aussage ist ein Satz, der denknotwendig wahr ist, weil er etwas behauptet, was sich bereits logisch aus der Definition seines Subjekts ergibt.

Der Satz »Bei Regen sind alle Kreise rund« ist ein wahrer, aber redundanter, überflüssiger, eben tautologischer Satz, denn Kreise sind schon per Definition rund.
»Die Verwahrlosung ist gesellschaftsabhängig« ist ebenfalls ein tautologischer Satz, weil sich die Gesellschaftsabhängigkeit der Verwahrlosung schon aus ihrer Definition als von gesellschaftlichen Erwartungen abweichendes Verhalten ergibt.

e) Widerspruchsprüfung

Das Gegenstück zur Tautologie ist die Kontradiktion (logischer Widerspruch).

Der Satz »Bei Regen sind alle Kreise eckig« kann ohne empirische Überprüfung als falsch erkannt werden, weil Kreise schon per Definition nicht eckig sein können.
Der Satz »Intelligente Verwahrloste leben sehr angepaßt« ist ebenfalls widersprüchlich, weil die Fehlanpassung ein wesentlicher Bestandteil aller Verwahrlosungsdefinitionen ist.

f) Vergleich mit bewährten Theorien

Der Vergleich einer Theorie mit anderen bewährten Theorien ist eine Mischform zwischen logischer und empirischer Prüfung. Einerseits wird bei dem Vergleich nach logischen Übereinstimmungen bzw. Widersprüchen gesucht, andererseits wird der Vergleich nur vorgenommen, weil die Vergleichstheorie sich »bewährt« hat, d.h. empirisch hinlänglich abgesichert ist.

Wenn beispielsweise die lernpsychologische Aggressionstheorie als bewährte Theorie gilt, weil empirisch nachgewiesen wurde, daß erfolgreiche Aggressionshandlungen zur Wiederholung drängen, müßte die psychoanalytische Theorie von der aggressiven Triebenergie falsch sein, nach der zu erwarten wäre, daß erfolgreich abgeführte Aggressionsenergie zur Entspannung und damit zur Reduktion aggressiven Verhaltens führt.

B) *Empirische Prüfung*

Die empirische Prüfung soll erweisen, ob eine Theorie, die in sich logisch ist, mit den Realitäten hinlänglich übereinstimmt.

a) *Formulierung der Prüfhypothese*

In der deutschen Kriminalsoziologie genießt der sogenannte »labeling approach« immer noch hohe Aktualität. Kurz gefaßt und vergröbert, lauten seine zentralen Thesen:

1. Dissoziales Verhalten ist über alle Schichten und Familien etwa gleich verteilt.
2. Die Träger der öffentlichen sozialen Kontrolle definieren selektiv diejenigen als kriminell, die aus der Unterschicht und/oder aus zerrütteten Familien stammen (obgleich deren Verhalten nicht dissozialer ist als das von Menschen anderer Herkunft). (Vgl. F. SACK 1968, S. 431 ff.)

Die logische Prüfung dieser Theorie sei positiv verlaufen. Es kommt nun darauf an, aus der Theorie eine Hypothese zu entnehmen oder abzuleiten, die einer empirischen Prüfung zugänglich ist. Eine solche Prüfhypothese könnte in diesem Fall lauten: »Strafgerichtlich verurteilte Menschen haben vor ihrer Begegnung mit Trägern der öffentlichen sozialen Kontrolle – abgesehen von ihrer Herkunft aus der Unterschicht und/oder zerrütteten Familien – keine anderen Eigenschaften als nicht verurteilte.«

b) *Operationalisierung*

Die Operationalisierung ist die Übersetzung der Hauptbegriffe der These in experimentelle Handlungsanweisungen. Der Begriff »strafgerichtlich verurteilte Menschen« könnte z. B. in die Zusammenstellung einer Stichprobe von 100 männlichen jugendlichen Strafgefangenen übersetzt werden. Für »strafgerichtlich nicht verurteilte Menschen« könnte eine ebenso große Stichprobe altersgleicher männlicher Jugendlicher erhoben werden, die noch nie strafrechtlich verfolgt wurden.

»Keine anderen Eigenschaften« wird theorieentsprechend als »keine besonderen sozialen Auffälligkeiten« verstanden und folgendermaßen operationalisiert: Von allen Jugendlichen werden die Schulbeurteilungen von der Einschulung bis zum 10. Lebensjahr herangezogen; diese Beurteilungen werden von 10 unabhängigen Experten (die nicht wissen, welche Beurteilung zu welchem Jugendlichen gehört) in zwei Fächer sortiert mit den Aufschriften »Tendenz sozial auffällig« bzw. »Tendenz sozial unauffällig«.

Nach der Theorie dürften die später verurteilten Jugendlichen nicht mehr negative Kategorisierungen auf sich ziehen als die später nicht verurteilten.

c) Experiment

Nach diesem Plan wird das Experiment durchgeführt. Wir wollen annehmen, daß keine Komplikationen eintreten und keine Planungsänderungen notwendig werden.

d) Protokollsatz

Das Ergebnisprotokoll möge lauten: »Bei 75% der verurteilten Jugendlichen waren in ihrer Schulzeit soziale Auffälligkeiten vermerkt worden, aber nur bei 30% der nicht verurteilten Jugendlichen.«

e) Vergleich Protokollsatz mit Prüfhypothese

Die im Protokollsatz ausgesagte Differenz von 45% widerspricht der deduzierten Prüfhypothese, nach der eine Prozentdifferenz = 0 zu erwarten gewesen wäre.

f) Widerlegung (›Falsifikation‹) oder Bestätigung (›Verifikation‹)

Die Prüfhypothese wäre somit widerlegt (›falsifiziert‹). Ein Wert in der Nähe von Null wäre eine Bestätigung gewesen, aber kein endgültiger Wahrheitsnachweis, also keine ›Verifikation‹ i.e.S. Darin wird die Asymmetrie der Begriffe ›Falsifikation‹ und ›Verifikation‹ deutlich. Überspitzt formuliert: Ein Stein, der nach oben fällt, widerlegt die Gravitationstheorie, aber hundert, die nach unten fallen, sind kein endgültiger Beweis für die Theorie, weil der 101. Stein nach oben fallen könnte. Auf physikalische Experimentatoren mag diese Überlegung recht akademisch wirken; für den Sozialwissenschaftler gewinnt sie Relevanz, weil dieser immer damit rechnen muß, daß seine Versuchspersonen anders reagieren als vergleichbare Stichproben, und weil überhaupt veränderte gesellschaftliche Gegebenheiten veränderte Reaktionsmöglichkeiten eröffnen.

g) Eliminierung bzw. Modifizierung oder Beibehaltung bzw. Weiterentwicklung der Theorie

Wie würde ein Vertreter des »labeling approach« auf den Experimentalbefund reagieren? Zunächst würde er nach Fehlern im Prüfverfahren suchen. Er würde möglicherweise schon die Prüfhypothese als Fehlableitung anfechten oder die operationale Umsetzung kritisieren. Beides wäre aber zugleich eine Selbstkritik, weil ihm entgegengehalten werden könnte, daß die Theorie prüfbare Hypo-

thesen und Operationalisierungen, eigentlich sogar eigene Prüfex-
perimente bereits hätte enthalten müssen.
Häufig kommt auch der Einwand, daß die Stichprobe nicht repräsentativ sei. Dieser Einwand verfängt aber nicht, weil die Stichprobe
zwar aus dem Geltungsbereich der Theorie stammen, ihn aber nicht
in seiner Gesamtzusammensetzung repräsentieren muß. Daß männliche Jugendliche zum Geltungsbereich der Theorie des »labeling
approach« gehören, würde von niemand bestritten werden.
Ferner könnte er darauf hinweisen, daß die zehn Experten sich beim
Kategorisieren geirrt haben. Darauf wäre zu erwidern, daß die
Senkung der Fehlertendenz der Experten eher zu einer Steigerung
der Prozentdifferenz führen müßte.
Die sinnvollste Möglichkeit der Theorie-Rettung wäre ihre Modifikation in der Weise, daß die Schule ebenfalls als ›Träger der öffentlichen sozialen Kontrolle‹ definiert wird, so daß die Beurteilungen der
Lehrer bereits als Reaktionen auf die Schicht- und Familien-Situation angesehen werden könnten. Dann wäre das experimentelle
Ergebnis ganz im Sinne der Theorie.
Die Theoriekritiker müßten nun in die Vorschulzeit zurückgehen.
Tatsächlich läßt sich beispielsweise mit den reichhaltigen Befunden
von GLUECK und GLUECK (1957) zeigen, daß die von den Trägern
der öffentlichen sozialen Kontrolle erfaßten und als delinquent etikettierten Jugendlichen sich bereits vor der Einschulung deutlich
von einer sorgfältig ausgesuchten Kontrollgruppe unterscheiden.
Das zwingt zu einer weiteren Modifikation, die bereits die Familie
als Träger der (öffentlichen?) sozialen Kontrolle bezeichnet.
Genau diesen Weg ist F. SACK gegangen:

»Es dürfte klar geworden sein, daß Zuschreibungsvorgänge kein Privileg und
kein spezifisches Charakteristikum von Gerichten, Polizisten und sonstigen
Personen und Institutionen der sozialen Kontrolle sind, sondern daß die
Zuschreibung von intentionalen Eigenschaften und Vorgängen ein generelles
Merkmal der interaktiven und kommunikativen Prozesse zwischen Menschen darstellen.« (1972, S. 24)

Diese Modifikation hat aber dazu geführt, daß der »labeling approach« – jedenfalls in der Fassung von F. SACK – sich nicht mehr
klar von den von ihm abgelehnten psychologischen Ansätzen unterscheidet, die die Familie als den Ort der Kriminalitätsentstehung
verstehen.
SACK scheint diesen Profilverlust selbst gespürt zu haben, jedenfalls
bezeichnet er seine Theorie trotz ihrer Bindung an die ›bürgerliche‹
Schichttheorie plötzlich als marxistisch und entfaltet einen für wis-

senschaftliche Publikationen ungewöhnlichen Aufwand an Polemik.

Der deduktiv-theoriekritische Erkenntnisweg bietet beachtliche *Vorteile:*
– er garantiert innere Logik der Theorie;
– er stellt die Theorie auf den Prüfstand der Empirie;
– da die Theorie nicht aus der Empirie stammen muß, kann sie über die Grenzen zeitgenössischer Erfahrung hinausgreifen (z. B. EINSTEINS Relativitätstheorie);
– der Forschungsaufwand hält sich in Grenzen, weil jeweils nur Teile der Theorie überprüft werden und überschaubare Laborexperimente oft genügen;
– der deduktiv-theoriekritische Erkenntnisweg ist für Fremdkontrolle offener als jeder andere Erkenntnisweg;
– während der induktiv-empiristische Erkenntnisweg problematisch wird, wenn gleiche Erfahrungen zu unterschiedlichen Theorien führen, ist der pluralistisch angelegte deduktiv-theoriekritische Erkenntnisweg dagegen unempfindlich und paßt deshalb besser in eine gesellschaftshistorische Epoche, in der imperialistische und internationalistische Wirtschaftssysteme mit einer großen Vielfalt konkurrierender Theorien und Weltanschauungen fertig werden müssen und in der wegen der höheren Krisenanfälligkeit von Supersystemen die weniger konsensfähigen Sozialwissenschaften politisch immer wichtiger werden.

Er bietet aber auch *Nachteile,* die für bestimmte Wissenschaftsinteressen sehr bedeutsam sind.

»Die erste Hälfte dieser Tätigkeit, das Aufstellen der Theorien, scheint uns einer logischen Analyse weder fähig noch bedürftig zu sein: An der Frage, wie es vor sich geht, daß jemandem etwas Neues einfällt – sei es nun ein musikalisches Thema, ein dramatischer Konflikt oder eine wissenschaftliche Theorie–, hat wohl die empirische Psychologie Interesse, nicht aber die Erkenntnislogik.« (POPPER 1971, S. 6)

Diese Auffassung geht an den Realitäten der Wissenschaftsentwicklung vorbei.

Beispielsweise kann die Psychoanalyse nicht als empirisch überprüfte Theorie im Sinne des theoriekritischen Erkenntnisweges gelten. Solange eine solche voraussichtlich sehr komplizierte Überprüfung nicht durchgeführt wurde, bleibt gar nichts anderes übrig, als die Psychoanalyse u. a. nach ihrer Herkunft zu beurteilen. Dabei wird man ihr zugute halten, daß sie nicht aus phantastischen Spekulationen, sondern aus praktischer Psychotherapie hervorging. Die Glaubwürdigkeit einer Theorie hat also sehr wohl auch mit ihrer Herkunft zu tun.

Die Bewertung einer Theorie ausschließlich nach ihren empirischen Überprüfungen ist auch deshalb nicht zu empfehlen, weil die Überprüfung selbst nicht über alle Zweifel erhaben ist.

Wenn beispielsweise die berühmte HOMANsche Regel, daß die Zahl der Kontakte den Grad der Sympathie bestimme, durch die Feststellung überprüft wird, ob Chefs, die ihre Sekretärinnen täglich sehen, diesen häufiger Heiratsanträge machen als Chefs, die seltener solche Kontakte haben, dann stellt sich sofort die Frage, ob Heiratsanträge überhaupt ein angemessener Gradmesser für Sympathie sind. Wenn das Experiment zur Falsifizierung der HOMANschen Regel tendiert, kann es ebensogut an der falschen Messung der Sympathie gelegen haben.

Die Einengung aller wissenschaftlichen Sätze auf überprüfbare hat darüber hinaus den Nachteil, daß gesellschaftspolitisch sehr wesentliche Hypothesen aus dem Revier der Wissenschaftlichkeit verbannt werden müßten.

Die These, daß der deutsche Faschismus eine Reaktion der von links bedrohten Kapitalinteressen gewesen sei, ist für das politische Verhalten desjenigen, der sie vertritt, von ziemlicher Wichtigkeit, gleichwohl ist sie empirisch nicht prüfbar: Sogar wenn sich nachweisen ließe, daß sich der Faschismus anderswo aus anderen historischen Konstellationen entwickelte, bzw. daß anderswo von links bedrohte kapitalistische Systeme nicht faschistisch reagierten, wäre das keine Falsifikation der auf die deutsche Geschichte gerichteten These.

Ein weiteres Beispiel: Wer die Dissozialität als Ergebnis der Klassengesellschaft versteht, kann diese Auffassung weder experimentell noch durch Feldbeobachtungen überprüfen, da es zur Zeit keine klassenlose Gesellschaft und keine Gesellschaft ohne Dissozialität gibt.

Der Kritische Rationalismus wurde inzwischen besonders durch die Schriften KUHNs und FEYERABENDs verunsichert, die ursprünglich dem Positivismus und dem Kritischen Rationalismus sehr nahestanden. KUHN wies nach, daß die Geschichte der Wissenschaft ganz anders verläuft, als nach dem Falsifikationsprinzip zu erwarten wäre. FEYERABEND zieht in seiner »anarchistischen Erkenntnistheorie« aus der Unfruchtbarkeit aller wissenschaftlichen Verfahrensregeln folgenden Schluß: »Der einzige Grundsatz, der den Fortschritt nicht behindert, lautet: anything goes (mach, was du willst).« (S. 35)

Zusammenfassend komme ich zu folgender Stellungnahme über den deduktiv-theoriekritischen Erkenntnisweg:
So lange wie möglich sollte man die Vorteile des deduktiv-theoriekritischen Erkenntnisweges nutzen, sich aber nicht von ihm einen-

gen lassen, wenn Erkenntnisinteressen vorliegen, die in seinem Rahmen nicht verfolgt werden können. Vor allen Dingen werden engagierte Angehörige sozialer Berufe sich wohl kaum mit der von kritischen Rationalisten häufig vertretenen Trennung von Wissenschaft und Politik anfreunden können. In einer Epoche, in der die Nutznießer der bürgerlichen Gesellschaft einerseits immer stärker auf wissenschaftliche Forschung angewiesen sind und andererseits ihre Ergebnisse immer mehr fürchten müssen, läßt sich deren Forderung nach Trennung von Wissenschaft und Politik gut verstehen. Die dominante Stellung des Kritischen Rationalismus ist, von daher gesehen, kein Zufall; aber wie bereits gesagt: Die Ideologie der kritischen Rationalisten ist kein notwendiger Bestandteil des deduktiv-theoriekritischen Erkenntnisweges.

Ein gutes und verständliches *Lehrbuch* des deduktiv-theoriekritischen Erkenntnisweges ist OPPS »Methodologie der Sozialwissenschaften«, 1970. Die praktische Anwendung des deduktiv-theoriekritischen Erkenntnisweges im sozialen Berufsfeld kann in unserer Monographie »Verwahrlosung und Gesellschaft« nachgelesen werden (EBERHARD u. KOHLMETZ, 1972).

V. Der dialektisch-materialistische Erkenntnisweg

»Im Altertum verstand man unter *Dialektik* die Methode, durch das Aufeinandertreffen einander widersprechender Meinungen und die Überwindung der Widersprüche im Gespräch zur Wahrheit zu gelangen... Bei HEGEL ist die Dialektik zugleich die innere Gesetzmäßigkeit der Selbstbewegung des Denkens und der Selbstbewegung der Wirklichkeit (Identität von Denken und Sein).« (KLAUS u. BUHR, S. 239)
»*Materialismus* ist die dem Idealismus entgegengesetzte Grundrichtung der Philosophie; Name für diejenigen Weltanschauungen, die die Grundfrage der Philosophie dahingehend beantworten, daß die Materie gegenüber dem Bewußtsein in letzter Instanz das Primäre, das Bestimmende ist.« (KLAUS und BUHR, S. 79)

MARX und ENGELS verbanden die Dialektik des HEGELschen Idealismus mit dem Materialismus von FEUERBACH und machten den so entstandenen *Dialektischen Materialismus* zur erkenntnisphilosophischen Grundlage ihrer gesellschaftstheoretischen Analyse. Dabei war ihnen klar, daß es schon lange vor ihnen eine dialektisch-materialistische Philosophie gegeben hatte. Als ihr Begründer gilt HERAKLIT (544–483 v. Chr.).

HERAKLIT lehrte, daß das Weltall weder von Göttern noch von Menschen gemacht, sondern als ein ewiges Feuer schon immer präsent gewesen sei. Aus dem Urfeuer, der reinen Vernunft, gehe durch inneren Zwiespalt und Kampf die Mannigfaltigkeit der Dinge hervor. Aus dem Symbol ›Urfeuer‹ und seiner Beziehung zur ›reinen Vernunft‹ wird schon deutlich, daß HERAKLITs Materiebegriff weit über den Materiebegriff der Materialisten des 19. Jahrhunderts hinausgeht, die den Geist und das Bewußtsein nur als sekundäre Funktion der Materie gelten lassen. Da der Materie-Begriff in der modernen Physik zugunsten des Welle-Teilchen-Dualismus aufgelöst wurde und auch die Teilchen nicht als kleinste körperförmige Masseeinheiten vorgestellt werden, da neuerdings die Elektronen als Neg-Entropie-Erzeuger sogar ausdrücklich als »Geist der Materie« (CHARON 1982) aufgefaßt werden können, erscheint der Materie-Begriff HERAKLITs als die modernere Position. Unter diesem Blickwinkel verstehen wir im folgenden die Materie als die Gesamtheit allen Seins.

Eine begriffliche Trennung von Materie und Geist und erst recht ein Primat für einen der beiden Begriffe ist im Rahmen einer solchen Sichtweise weder sinnvoll noch möglich.

Definition: Der dialektisch-materialistische Erkenntnisweg ist derjenige Erkenntnisweg, der postuliert, daß alle Realitäten durch unterschiedlich organisierte Materie konstituiert seien, daß diese sich in ständiger interagierender Bewegung befinde, daß die Bewegung aus inneren Widersprüchen hervorgehe und daß die Erkenntnis dieser widersprüchlichen Kräfte aus der möglichst umfassenden Anschauung der realen Gegebenheiten einschließlich ihrer Geschichte zu gewinnen sei.

Die wichtigsten Implikationen dieser Definition sind, daß es keine Zustände, sondern nur Prozesse gibt und daß diese Prozesse nicht in mechanistischer Weise von äußeren Ursachen angestoßen, sondern von inneren Widersprüchen vorangetrieben werden. Die direkte Ursache für die Bewegung einer Kugel ist also die Konstellation ihrer inneren Kräfte und Gegenkräfte. Daß diese Konstellation ihrerseits partiell auf äußere Bedingungen zurückgeführt werden kann, ist dabei sekundär, zumal die äußeren Bedingungen als innere Kräfte des nächsthöheren Systems aufgefaßt werden könnten.

Wenn z.B. das Phänomen der Ungleichberechtigung der Frau untersucht werden soll, scheiden Erklärungshypothesen aus, die den Grund dieses

Phänomens in der »andersartigen Mentalität der Frau«, in der »patriarchalischen Erziehung«, im »Konservativismus der Medien« etc. sehen wollen. Nicht weil diese Thesen von vornherein falsch sind, sondern weil sie zu kurz greifen, nämlich nicht bis in die materielle Basis. Es muß also nach Besonderheiten der materiellen Lebensbedingungen gefahndet werden, die den Unterschied zwischen weiblicher und männlicher Rolle erklären können.

Weiterhin darf die Ungleichberechtigung der Frau nicht als Zustand gesehen werden, sondern als vorläufiges Ergebnis eines historischen Prozesses. Diesen Entwicklungsprozeß kann man nicht durch Betrachtung der gegenwärtigen materiellen Lebensbedingungen verstehen (z. B. »die unterprivilegierte Stellung der Frau folgt aus der geringeren Bezahlung ihrer Arbeitskraft«), sondern durch das Studium der Geschichte der materiellen Lebensbedingungen (z. B. »Die Stellung der Frau begann sich zu ihren Ungunsten zu verändern, als der Mann mit der immer effizienteren Jagdtechnik einen wichtigen Teil der Nahrungsmittelproduktion in die Hand bekam« (vgl. BORNEMAN 1975).

Ferner muß der dialektische Materialismus außer den Ursachen die entgegenwirkenden Ursachen finden.

Diese könnten in unserem Beispiel darin gesehen werden, daß die Frau, gerade weil sie nicht an der Jagd teilnimmt, die Speicherung und Verarbeitung der Nahrung unter Kontrolle hatte.

Als nächsten Schritt hätte man die Entwicklung der Ursachen und der entgegenwirkenden Ursachen über die Jahrhunderte hinweg zu verfolgen.

Angenommen, es ließe sich zeigen, daß die Privilegierung des Mannes damit begann, daß er die wichtigeren Teile der Konsumgüterproduktion übernahm und daß das auch heute noch so ist, und angenommen, die entgegenwirkenden Ursachen, d. h. die Ursachen dafür, daß die Privilegierung des Mannes nicht total wurde, lägen nach wie vor darin, daß die Frau unentbehrliche ökonomische Beiträge außerhalb der Konsumgüterproduktion leistet, dann gäbe es zwei strategische Wege gegen die Unterprivilegierung der Frau: (1.) Beseitigung der Ursachen, d. h. Beseitigung der ökonomischen Geschlechtsrollenverteilung und (2.) Verstärkung der entgegenwirkenden Ursachen, d. h. Verstärkung der spezifisch weiblichen Rollen im arbeitsteiligen Produktionsprozeß.

Der erste Weg, der Weg der bürgerlichen Emanzipationsbewegung, hat sich bisher kaum bewährt, weil er die Frauen auf dem kapitalistischen Arbeitsmarkt zur Konkurrenz mit den Männern um die Arbeitsplätze zwingt, zu der sie wegen ihrer biologisch und soziologisch fixierten Gebär- und Brutpflegerolle von vornherein mit geringeren Chancen antreten. Der zweite Weg, nämlich der gezielte Ausbau weiblicher Berufsdomänen insbesondere im Reproduktionsbereich und ihre gewerkschaftliche Absicherung gegen männliche Eroberung, widerspräche zwar den Ideologien der bürgerlichen Frauenbewegung, hätte aber möglicherweise mehr Realisierungschancen.

48

Die Besonderheit der dialektisch-materialistischen Sichtweise hat erhebliche *Vorteile*. Sie begründet den prinzipiellen Unterschied zwischen der behavioristischen black-box-Psychologie, in der das menschliche Verhalten ausschließlich ein Produkt der Umweltreize darstellt, und einer dialektisch-materialistischen Psychologie, in der das Verhalten primär als Produkt innerer Widersprüche gedeutet wird.

Es ist ein erheblicher Unterschied, ob die psychologische Forschung nach Zusammenhängen zwischen Umweltsituationen und Verhaltensweisen oder nach Zusammenhängen zwischen inneren Widersprüchen und Verhaltensweisen sucht. Je komplexer das untersuchte System – und der Mensch ist eines der komplexesten –, desto mehr bestimmen die jeweils individuellen inneren Gegebenheiten das Verhalten und desto weniger läßt die Kenntnis der aktuellen oder früheren Umweltsituationen eine Vorhersage auf das künftige Verhalten zu, zumal der Mensch ja nicht nur durch die Umwelt seines persönlichen Lebenslaufs geprägt ist, sondern auch durch den jahrtausendelangen, ebenfalls widerspruchsvollen, evolutionären Lernprozeß, der sich in den Genen niederschlägt.

Trotz des gut bewährten allgemeinen Gesetzes der behavioristischen Psychologie, daß man mit Belohnungen Verhalten steuern kann, gibt es z.B. immer noch viele Staatsdiener, die eine Belohnung gemäß §§ 331, 332 StGB abweisen. Auch ein mit allen Finessen der behavioristischen Lerntheorie ausgestatteter Psychologe würde das konkrete Verhalten eines solcherart stimulierten Beamten allein aus den äußeren Bedingungen seiner Lerngeschichte kaum vorhersagen können. Sein Psychoanalytiker wäre dazu wahrscheinlich schon eher in der Lage.

Die Psychoanalyse FREUDs widmet sich in dialektisch-materialistischer Weise der lebensgeschichtlichen Erforschung der inneren Widersprüche des Menschen. Dafür hat die behavioristische Lerntheorie einen viel höheren Objektivitätsgrad, d.h., ihre Aussagen stehen der öffentlichen wissenschaftlichen Kontrolle jederzeit zur Verfügung.

Hier wird der wesentliche *Nachteil* des dialektisch-materialistischen Erkenntnisweges deutlich: Seine Hypothesen über die bewegenden Widersprüche eines komplexen Geschehens erhalten ihre Glaubwürdigkeit entweder erst über das Prüfexperiment des deduktiv-theoriekritischen Erkenntnisweges (das auch in der marxistisch-orientierten Wissenschaft der Ostblockstaaten zunehmend an Bedeutung gewinnt – vgl. z.B. schon MAO TSE TUNG, 1971) oder – wenn das nicht möglich ist – durch die gesellschaftliche Praxis.

Der Erfolg oder Mißerfolg gesellschaftlicher Praxis ist aber erstens nicht leicht zu beurteilen und zweitens kaum auf bestimmte Ursachen zurückzuführen.

Wer wollte beispielsweise die Abschaffung der Arbeitslosigkeit, die Bewältigung der Inflation, die Steigerung des Lebensstandards, die siegreiche Olympiade und die Autobahnen als bestandene Bewährungsproben für die faschistische Ideologie verbuchen?

Andererseits ist die wissenschaftlich und politisch ungemein fruchtbare Gesellschaftstheorie von MARX der beste Beweis für die schöpferische Kraft des dialektisch-materialistischen Erkenntnisweges. Die marxistische Theorie hat sich sogar in weiten Teilen als empirisch prüfbar erwiesen.

Beispielsweise hat GILMAN (1969) eine sehr überzeugende empirisch-statistische Überprüfung des Gesetzes vom tendenziellen Fall der Profitrate vorgelegt.

Welche *Bedeutung* hat nun der dialektisch-materialistische Erkenntnisweg für die wissenschaftliche Analyse der sozialpraktischen Probleme?

Zunächst kann jede sozialwisssenschaftliche Theorie von einer allgemeinen dialektisch-materialistischen Gesellschaftstheorie profitieren, weil sie sich in deren größten theoretischen Rahmen einordnen kann.

Beispielsweise liegt es nahe, das marxistische Entfremdungskonzept für die Dissozialitätstheorie zu nutzen.

Der dialektisch-materialistische Erkenntnisweg ist entgegen weitverbreiteter Auffassung nicht auf gesellschaftstheoretische Fragestellungen beschränkt, sondern sogar für die Erforschung einzelner Menschen nutzbar.

Wenn der Sozialarbeiter einen Klienten verstehen will, fragt er im allgemeinen nach den familiären, der modernere, soziologisch orientierte Sozialarbeiter auch nach den gesellschaftlichen Ursachen der Verhaltensauffälligkeiten. Hat er sie herausgefunden, versucht er, gegen sie vorzugehen. Nach meiner Erfahrung ist das angesichts der häufig desolaten familiären Strukturen und der pathogenen gesellschaftlichen Bedingungen um sie herum meist ein aussichtsloses Unterfangen. Depressionen, Zynismus, Aus- oder Aufstieg sind dann häufig die Reaktionen gerade der Sozialarbeiter, die sich durch Überblick und Sensibilität auszeichnen.

Der dialektisch-materialistisch orientierte Sozialarbeiter ist dagegen besser gefeit. Er geht von vornherein davon aus, daß die Gesellschaft und das Individuum von inneren Widersprüchen bestimmt sei. Nach seiner Grundauffassung gibt es in der Gesellschaft und im Individuum dem Entfremdungsprozeß entgegenwirkende Ursachen. Diese entgegenwirkenden Kräfte muß der Sozialarbeiter nicht durch Einsatz irgendwelcher sozialtherapeutischen Methoden herstellen, sondern sie wirken schon vor seiner Intervention, er muß sie nur finden, sich mit ihnen verbünden, sie verstärken. Die entgegenwirkenden Kräfte treten in den Phasen in Erscheinung, in denen der Klient weniger oder gar kein defizitäres Verhalten zeigt und in denen er auch seine innere Befindlichkeit als relativ positiv erlebt.

Als *Lehrbuch* des dialektisch-materialistischen Erkenntnisweges empfehle ich die einschlägigen Artikel des »Philosophischen Wörterbuches« von KLAUS und BUHR, 1971.

VI. Der Erkenntnisweg der Aktionsforschung

In der Aktionsforschung gibt der Wissenschaftler die Position des möglichst objektiven Beobachters auf und beteiligt sich an dem Geschehen, das gemeinsam mit anderen Betroffenen untersucht und beeinflußt wird. Häufig wird der Begriff ›Handlungsforschung‹ synonym verwendet. Es empfiehlt sich aber, bei dem international eingeführten Begriff (›action research‹) zu bleiben, weil unter ›Handlungsforschung‹ eigentlich die sozialwissenschaftliche Forschung über das menschliche Handeln verstanden wird.

Definition: Die Aktionsforschung ist derjenige Erkenntnisweg, der die Trennung von Forschungssubjekt und Forschungsobjekt aufhebt und auf dem die Beteiligten das gemeinsam erlebte, empirisch dokumentierte und handelnd beeinflußte soziale Geschehen im Rahmen kollektiver Reflexionen (sog. Diskurse) analysieren; nicht mit dem Anspruch, allgemeingültige Erkenntnisse zu abstrahieren, sondern lediglich zur Steuerung der weiteren Praxis. (vgl. EBERHARD, 1980, S. 163)

Wenn man die in der Fachliteratur referierten Aktionsforschungsprojekte der sozialen Praxis durchsieht (vgl. z.B. HAAG 1972) und ihre gemeinsamen Merkmale abstrahiert, kommt man etwa zu folgenden Charakteristika:

1. Aktionsforschungsprojekte sind von sozialem bzw. politischem Engagement für unterprivilegierte Bevölkerungsgruppen geprägt.
1. In ihnen arbeiten Wissenschaftler, Sozialpraktiker und Bürger zusammen.
3. Es werden die verschiedensten Methoden der herkömmlichen Empirischen Sozialforschung eingesetzt.
4. Die Arbeitsteilung zwischen Handelnden und Forschenden wird mehr oder weniger aufgegeben.
5. Die praktischen Interessen sind wesentlich stärker ausgeprägt als die theoretischen.
6. Der Erkenntnisprozeß findet in gemeinsamen Auswertungs- und Planungs-Gesprächen statt.

Unter dem Gesichtspunkt der Erkenntnistheorie interessiert nur der letzte Punkt. Alle anderen Charakteristika mögen für das soziale und politische Selbstverständnis des jeweiligen Projekts wichtig sein, für die Glaubwürdigkeit der resultierenden Erkenntnisse sind sie nicht förderlich , z.T. sogar hinderlich. Das gilt tendenziell auch für den 3. Punkt; denn die Nutzung der herkömmlichen Methoden der Empirischen Sozialforschung ist an bestimmte Voraussetzungen gebunden (z.B. Repräsentativität der Personen- und Merkmals-Stichproben und Objektivität, d.h. Unabhängigkeit der Ergebnisse von der Subjektivität des Forschers), die gerade in Aktionsforschungsprojekten in der Regel nicht vorliegen.

Die Glaubwürdigkeit der gemeinsamen Antworten auf die phänomenalen, kausalen und aktionalen Fragen für die Aktionsforschungsgruppe selbst hängt ganz von der Qualität der *Diskurse* ab.

LEWIN, der das Grundkonzept der Aktionsforschung entwickelte, als er die Spannungen zwischen den verschiedenen antifaschistischen Gruppierungen in den USA untersuchte, schreibt über die Auswirkungen der in der Aktionsforschung praktizierten Gesprächsformen:

»Die Atmosphäre der Objektivität, die Gelöstheit dank der Möglichkeit zu einer offenen Erörterung der Fehler, ohne daß man dabei seine Stellung gefährdete, schienen zu einer Erhöhung der kritischen Einsicht zu führen und jene Haltung verständnisvoller Objektivität zustande zu bringen, die nirgends schwieriger zu erreichen ist als auf dem Gebiet der Intergruppenbeziehungen, das selbst bei den sogenannten Liberalen und den mit der Förderung der Intergruppenbeziehungen Beauftragten mit Empfindlichkeit und Schroffheit der Haltung belastet ist.« (1953, S. 291)

HABERMAS beschäftigte sich in seiner »Theorie der kommunikativen Kompetenz« (1971) bzw. »Theorie des kommunikativen Handelns«

(1981) aus erkenntnistheoretischer Sicht intensiv mit dem auf kooperative Wahrheitsfindung gerichteten Diskurs.

»Die *ideale Sprechsituation* ist dadurch gekennzeichnet, daß jeder Konsens, der unter ihren Bedingungen erzielt werden kann, per se als wahrer Konsens gelten darf. Der Vorgriff auf die ideale Sprechsituation ist Gewähr dafür, daß wir mit einem faktisch erzielten Konsensus den Anspruch des wahren Konsensus erheben dürfen … Ideal nennen wir im Hinblick auf die Unterscheidung des wahren vom falschen Konsensus eine Sprechsituation, in der die Kommunikation nicht nur nicht durch äußere kontingente Einwirkungen, sondern auch nicht durch Zwänge behindert wird, die aus der Struktur der Kommunikation selbst sich ergeben.« (1971, S. 136 f.)

HABERMAS ist sich bewußt, daß diese Forderungen über die Realität hinausgehen. Er nennt sie deshalb ›kontrafaktische Unterstellungen‹. Aber von diesen Unterstellungen gehen die Gesprächsteilnehmer in der Praxis des Diskurses tatsächlich aus und üben dadurch Druck in Richtung auf ihre allmähliche Realisierung aus. Die allmähliche Durchsetzung rationaler Kommunikation vollzieht sich nach HABERMAS nicht nur in den Diskursgruppen, sondern im gesamten historischen Gesellschaftsprozeß.

»Geschichte wird damit verstanden als Geschichte des fortschreitenden rationalen Verhaltens, das sich am institutionalisierten Diskurs greifbar aufzeigen läßt; eine Entwicklung, die HABERMAS auch heute noch fortschreiten sieht, indem Traditionsmuster der Sozialisation – etwa durch Psychologisierung der Kindererziehung oder bildungspolitische Planung von schulischen Curricula – dem Diskurs zugänglich gemacht werden. Geschichte wird hier verstanden als Geschichte der Universalisierung ihrer Rationalität, die als Schein jene herrschaftsfreie Kommunikation durchscheinen läßt, welche als Realisierung der idealen Lebenssituation ihrer Verwirklichung noch harrt.« (MOSER 1975, S. 95).

MOSER, dem das große Verdienst zukommt, die zentrale Bedeutung des Diskurses für die Aktionsforschung herausgearbeitet zu haben, ist im Hinblick auf die ökonomischen Machtverhältnisse pessimistischer als HABERMAS, bestätigt aber aus eigener Erfahrung, daß im zyklischen Aufstieg zwischen praktischen Aktionen und handlungsreflektierenden sowie handlungsplanenden Diskursen ›relative Wahrheit‹ zu erringen sei. Meine Erfahrungen weisen in die gleiche Richtung.

Zusammen mit Sozialpädagogik- und Psychologie-Studenten wollten wir die aus meiner Heimerfahrung induzierte Hypothese prüfen, daß Fußballsport sozialisierende Wirkungen zeitige. Als brave Feldforscher standen wir 2 Wochen lang täglich um einen Fußballplatz herum und registrierten auf vorher vorbereiteten Checklisten die Verhaltensweisen der mehr oder weniger dissozialen Kinder einer Gruppe, die wir ansonsten im Rahmen eines

Stadtteilprojektes betreuen. Tatsächlich zeigte sich eine Tendenz zu sozialeren Interaktionen. Dieser Trend ging mit anderen sozialen Tendenzen einher, die dazu führten, daß wir schließlich selbst am Spiel teilnahmen (ohne Checklisten). Die Objektivität war hin, aber unsere gemeinsam mit den Kindern durchgeführten Auswertungsgespräche hatten durch die Art und Weise ihrer Durchführung für uns eine besondere Glaubwürdigkeit.

Seitdem achte ich bewußter darauf, nach welchen unausgesprochenen Regeln Gespräche ablaufen, die auch bei kritischen Beteiligten zu *Glaubwürdigkeitserlebnissen* führen. Nur darauf kommt es an; endgültige Wahrheit ist ja auf den anderen Erkenntniswegen auch nicht zu erringen.

GATZEMAIER hat versucht, einige *Regeln der rationalen Argumentation* zusammenzustellen (1974, S. 218 f.):

»– Alle für das Verstehen der Argumentation wichtigen Worte müssen verständlich erläutert werden.
– Alle Behauptungen müssen begründet werden; es besteht Begründungspflicht.
– Kein Argument irgend eines Gesprächspartners darf von vornherein, d. h. ohne Prüfung, ausgeschlossen werden.
– Jeder Argumentationspartner muß bereit sein, alle seine für die Begründung wichtigen Überzeugungen überprüfen zu lassen und gegebenenfalls aufzugeben.
– Das Geben oder Verweigern der Zustimmung zu einer Aussage darf nicht von Belohnung oder Strafe abhängen.
– Die Argumentation darf sich nicht auf ein ungeprüftes Vorverständnis berufen.
– Soll für alle Beteiligten ein begründetes Ergebnis erreicht werden, so sollte geprüft werden, ob jedermann diesem Ergebnis zustimmen könnte.
– Von den Teilnehmern an einer Argumentation ist Sachkunde und Gutwilligkeit zu fordern.«

Diese Regeln bedürfen sicher noch einer kritischen Diskussion (z. B. die Begriffe ›Sachkunde‹ und ›Gutwilligkeit‹), und sie können nicht mechanisch in die sehr verschiedenen Aktionsforschungs-Projekte transportiert werden. Jedes Projekt wird seinen eigenen Diskurs-Stil entwickeln müssen. Die Kodifizierung eines Regelkatalogs und seine geschäftsordentliche Überwachung wären wohl kaum geeignet, die angestrebte herrschaftsfreie und artikulationsförderliche Gesprächsatmosphäre zu erzeugen.

Andererseits führt eine regellose ›spontane‹ Diskussion erfahrungsgemäß dazu, daß bestimmte mit verbaler Intelligenz und Vitalität ausgestattete Teilnehmer das Gespräch viel stärker bestimmen als die übrigen. Gerade die Wahrnehmungen, Gefühle und Gedanken der weniger durchsetzungsfähigen Mitglieder sind aber für die Analyse der Situation und für die weitere Strategie oft von besonderer Bedeutung.

Als in der Sozialpraxis gut bewährt und in der Aktionsforschung nutzbar können die Empfehlungen der ›Themenzentrierten Interaktion‹ von Ruth COHN gelten (1975, S. 120 ff.).
Ausgehend von den Postulaten ›Sei dein eigener Chairman!‹ und ›Störungen haben Vorrang‹ empfiehlt R. COHN:

1. Vertritt dich selbst in deinen Aussagen; sprich per ›ich‹ und nicht per ›wir‹ oder per ›man‹.
2. Wenn du eine Frage stellst, sag, warum du fragst und was deine Frage für dich bedeutet; sage dich selbst aus und vermeide das Interview.
3. Sei authentisch und selektiv in deinen Kommunikationen; mach dir bewußt, was du denkst und fühlst, und wähle, was du sagst und tust.
4. Halte dich mit Interpretationen von anderen solange wie möglich zurück; sprich stattdessen deine persönlichen Reaktionen aus.
5. Sei zurückhaltend mit Verallgemeinerungen.
6. Wenn du etwas über das Benehmen oder die Charakteristik eines anderen Teilnehmers aussagst, sage auch, was es dir bedeutet, daß er so ist, wie er ist (d. h. wie du ihn siehst).
7. Seitengespräche haben Vorrang; sie stören und sind meist wichtig; sie würden nicht geschehen, wenn sie nicht wichtig wären.
8. Nur einer zur gleichen Zeit bitte.
9. Wenn mehr als einer gleichzeitig sprechen wollen, verständigt euch in Stichworten, über was ihr zu sprechen beabsichtigt.

Es ist allerdings fraglich, ob man darauf angewiesen ist, den Umweg über die Verinnerlichung äußerer Regeln zu gehen, die ja ihrerseits auch erst von innen nach außen gebracht werden müßten. Wenn beispielsweise vier Menschen miteinander Kammermusik treiben, orientieren sie sich kaum an kodifizierten Kommunikationsregeln, sondern an der erlebten Qualität ihrer musikalischen Kommunikation.

PIRSIG, dem wir eine faszinierende *Philosophie der Qualität* zu verdanken haben (»Zen und die Kunst, ein Motorrad zu warten«, 1976), hatte während seiner Tätigkeit als Rhetorik-Dozent bemerkt, daß sich sehr verschiedene Menschen einmütig darauf verständigen konnten, welche Referate Qualität haben, ohne daß sich der Qualitätsbegriff überhaupt definieren ließ. Es gibt also im Menschen so etwas wie einen Qualitätskompaß, der in unseren fremdbestimmten

Lebensformen zwar mehr oder weniger verkümmert ist, sich durch bewußte Nutzung aber wieder entfalten läßt.

Der Leser möge bei nächster Gelegenheit versuchen, mit einem Motorrad oder Auto oder Fahrrad so zu fahren, daß sich das Gefühl einstellt: ›Nun hat es Qualität!‹ Er wird wahrscheinlich erleben, wie sich sein Fahrstil ändert und ›erfahren‹, was der Qualitäts-Begriff im tieferen Sinne meint.
PIRSIG schreibt dazu (S. 11): »Qualität ist ein Merkmal von Gedanke und Ausdruck, das durch einen dem Denken entzogenen Prozeß erkannt wird. Da Definitionen ein Ergebnis streng formaler Denkakte sind, kann man Qualität nicht definieren. Aber obgleich man Qualität nicht definieren kann, wißt Ihr, was Qualität ist!«
Wir haben einmal in einem Seminar über Wissenschaftstheorie nach der Diskussion über Aktionsforschung das Seminar unter der Devise fortgesetzt: »Jeder versucht mit der Gesprächs-Situation des Seminars so umzugehen, daß sich bei ihm das Gefühl einstellt: ›Nun hat das Gespräch Qualität!‹« Die Wirkung auf die Form der Kommunikation und auf die Glaubwürdigkeitserlebnisse der Seminarteilnehmer war sehr eindrucksvoll!

Die *Bedeutung* der Aktionsforschung für die soziale Praxis ist offensichtlich:
Der Erkenntnisweg der Aktionsforschung kann in jedem Heim, in jeder Erziehungsberatungsstelle, in sozialpsychiatrischen Programmen, in sonderpädagogischen Einrichtungen, in Schulprojekten, in Familienkonferenzen, erst recht in alternativen Modellprojekten, in der Stadtteilarbeit usw. beschritten werden. Wir selbst nutzen ihn in einem Pflegekinderprojekt für verwahrlosungsgefährdete Kinder (vgl. EBERHARD u. EBERHARD, 1986).

Der wichtigste *Nachteil* der Aktionsforschung ist, daß ihre Erkenntnisse über den Rahmen des Projektes hinaus nicht verallgemeinert werden dürfen. Es lassen sich allenfalls Hypothesen gewinnen, die nach den Regeln des deduktiv-theoriekritischen Erkenntnisweges überprüft werden müßten.

Dem Verlust an Objektivität entspricht ein Gewinn an Subjektivität, d. h. an *Betroffenheit*. Betroffene Menschen haben zusätzliche Erlebnis- und Erkenntnismöglichkeiten, die dem objektiv distanzierten Beobachter entgehen.

Die interne Glaubwürdigkeit ist in dem Maße begrenzt, wie sich die ideale Sprechsituation wegen gegenläufiger Interessen und Hemmungen der Beteiligten nicht herstellen läßt. Aktionsforschung kommt deshalb ohne gegenseitige Selbstreflexion und ohne behutsame Analyse unbewußter Motive und Abwehrmechanismen nicht aus.

Ein interessantes Argument gegen den Diskurs stammt von Fou-
CAULT (1974, S. 27):

»Dem monopolisierten und geheimen Wissen der orientalischen Tyrannei
setzte Europa die universale Kommunikation der Erkenntnis, den unbe-
grenzten und freien Austausch der Diskurse entgegen. Doch hält dieser
Gedanke einer Prüfung nicht stand. Der Austausch und die Kommunikation
sind positive Figuren innerhalb komplexer Systeme der Einschränkung; und
sie können nicht unabhängig von diesen funktionieren.«

MOSER fügt erläuternd hinzu (1975, S. 96):

»Der Diskurs ist nicht die Spitze einer Entwicklung zu einer Rationalität, auf
welche der Mensch stolz sein kann, er ist vielmehr selbst aus der Angst vor
den bedrohlichen Kräften seiner Natur geboren (Begehren, Macht, Sexualität).«

Während also HABERMAS die Rationalität steigern will, mißtraut
FOUCAULT ihr als besonders sublime, typisch neuzeitlich-abendlän-
dische Repressionsform.

FOUCAULTs Relativierung der Rationalität führt zurück zum mystisch-magischen Erkenntnisweg und legt den Gedanken nahe, daß
die beschriebenen Erkenntniswege nicht im Sinne einer geraden
historischen Linie, sondern eher als eine *gesellschafts- und individualhistorische Spirale* aufgefaßt werden sollten. Viele sehr rationale
Wissenschaftler sind am Ende ihres Lebens zu mystisch-magischen
Sichtweisen gelangt – allerdings auf einem anderen philosophischen
Niveau als die Schamanen der sogenannten Naturvölker (z. B. F. v.
WEIZSÄCKER und GOPI KRISHNA, 1971).

Es gibt noch kaum *Lehrbücher* über den Erkenntnisweg der Aktionsforschung. Ich selbst habe sehr von den kenntnisreichen und wissenschaftstheo-
retisch reflektierten Darstellungen MOSERs (1977, 1977, 1978) profitiert.

D. Die historische Einordnung der Erkenntnis-
   wege

Ein tiefergehendes Verständnis der Erkenntniswege ist ohne ihre
historische Herleitung nicht möglich.

»Eine radikalisierte Erkenntniskritik kann am Ende nur in Form einer Rekonstruktion der Gattungsgeschichte durchgeführt werden.« (MOSER 1978,
S. 21)

Es gibt bereits andere Versuche, die Erkenntnistätigkeit des Menschen aus ihrer Entwicklung zu verstehen:
– der *biogenetische Ansatz,* der die Erkenntnisformen des Menschen aus der Phylogenese seines Gehirns ableitet (z. B. MONOD
  1971, LORENZ 1973, VOLLMER 1983);
– der *psychogenetische Ansatz,* der sich an der Ontogenese der
  menschlichen Erkenntnisfähigkeit im Lebenslauf der einzelnen
  Menschen orientiert (z. B. PIAGET 1973, CAMPBELL 1959).

Da mein eigener Versuch von der Gesellschaftsgeschichte des Menschen ausgeht, möchte ich ihn als *soziogenetischen Ansatz* bezeichnen, der dann allerdings *auch psychogenetisch* genutzt werden soll
(Kap. IX). (Ansätze in dieser Richtung aus marxistischer Sicht bieten GREIFF 1977, MÜLLER 1977 und auf religionsphilosophischem
Hintergrund DUX 1982.)

Bei der Darstellung der Erkenntniswege ergaben sich bereits historische Bezüge. Der systematischen gesellschaftsgeschichtlichen Einordnung der Erkenntniswege soll das nachfolgende Schema dienen.
Dazu sind aber einige *Vorbemerkungen* erforderlich:
– Was mehr oder weniger für jede Systematik gilt, ist hier besonders
  zu beachten: Das vorgestellte Schema ist mehr projizierend als
  extrahierend, d. h., es dient mehr dem Bedürfnis nach übersichtli-
  cher Strukturierung als dem Anspruch auf realitätsgetreue Abbildung.
– Der Anfang der Systematik liegt im Nebel der Vorgeschichte, das
  Ende im Dunkel der Zukunft.
– Es gab wahrscheinlich zu allen Zeiten alle Erkenntnisformen, aber
  jeweils eine hatte besondere gesellschaftliche Bedeutung.

*Historische Zusammenhänge zwischen gesellschaftlichen Rahmen-
bedingungen und vorherrschenden Erkenntnisformen*

– hypothetische Systematik –

dominante Wirtschaftsform	geschlechtliche Machtverteilung	dominanter Erkenntnisweg
Sammeln pflanzlicher und tierischer Nahrung ›Sammlergruppen‹	Matriarchat	mystisch-magischer Erkenntnisweg
Sammeln und Jagen ›Wildbeutergruppen‹	Matriarchat ↓ Patriarchat	mystisch-magischer Erkenntnisweg
Ackerbau und Viehzucht ›Bäuerische Sippenverbände‹	Patriarchat	deduktiv-dogmatischer Erkenntnisweg
Ackerbau und Viehzucht im zentralisierten Staat ›Feudalist. Gesellschaft‹	Patriarchat	deduktiv-dogmatischer Erkenntnisweg
Städtisches Handwerk und Warenhandel ›Frühkapital. Gesellsch.‹	Patriarchat	induktiv-empiristischer Erkenntnisweg
Internationale Industrie, Waren- und Kapitalhandel ›Spätkapital. Gesellsch.‹	Patriarchat ↓ Matriarchat	deduktiv-theoriekritischer Erkenntnisweg
Vergesellsch. d. Produktion Arbeitermitbestimmung im Kapitalsektor ›Sozialist. kontrollierter Kapitalismus‹?	Gleich-berechtigung?	dialektisch-materialistischer Erkenntnisweg?
automatisierte Produktion dezentralisierte Reproduktion ›Faschist. Technokratie gegen subkult. Anarchie‹?	Dehumanisierung i. d. Produktion? Androgynie i. d. Reproduktion?	maschinell. Forsch. i. d. Produktion? Aktionsforsch. i. d. Reproduktion?

– Die historische Einordnung der Erkenntniswege geschieht, ange-
regt von den Methoden des historischen Materialismus, durch die
Parallelisierung mit der Geschichte der ökonomischen Basis und
der durch sie erzeugten Machtverhältnisse der Geschlechter.
– Die Systematik heißt hypothetisch, weil sie der Überprüfung
durch gründliche historische Forschung bedarf.

I. Die Sammlergruppen

Die Zeit der Sammlergruppen, in der sich die Hominiden ähnlich wie ihre äffischen Vorfahren in den Busch- und Graslandschaften zwischen Urwäldern und Steppen von Früchten, Pilzen, Blättern, Wurzeln, Honig und Kleintieren ernährten, liegt im sogenannten Tier-Mensch-Übergangsfeld im Pliozän vor 10 bis 2 Millionen Jahren.

In der vorstehenden tabellarischen Systematik schließe ich mich der Matriarchat-These an. Der Begriff ›Matriarchat‹ ist nicht unbedenklich, weil seine Übersetzung – ›Herrschaft der Mutter‹ – an männliche Führungsformen erinnert und kinderlose Frauen begrifflich ignoriert werden. Der neuere Begriff ›Feminat‹ hat sich aber noch nicht durchgesetzt. In diesem Text werden die Termini ›Matriarchat‹ bzw. ›Patriarchat‹ in ihrem weiteren Sinne – nämlich ›Führung und Lenkung durch Frauen‹ bzw. ›Führung und Lenkung durch Männer‹ – benutzt.

Die Vermutung, daß die *Führung der Sammlergruppen in den Händen von Frauen* lag, stützt sich auf folgende Überlegungen:

- Schon Affenweibchen haben in der Regel eine höhere Lernfähigkeit als Affenmännchen.
- Wenn pflanzliche und tierische Nahrung nicht durch Jagd, Ackerbau und Viehzucht, sondern durch Sammeln gewonnen wird, haben Frauen keine geringeren ökonomischen Kompetenzen als die Männer.
- Die wichtigste Produktion, nämlich das Gebären und Ernähren von Kindern, war schon aus biologischen Gründen Sache der Frauen.
- Die Männer wußten nicht, daß sie Väter sind; sie blieben ihr Leben lang Söhne von Frauen.
- Männer bezogen ihren gesellschaftlichen Wert aus der Verteidigung der Gruppe, was eine kürzere Lebenserwartung zur Folge hatte.
- Als Träger der meisten Erfahrungen waren die ältesten Menschen die kostbarsten; das waren wegen ihrer höheren Lebenserwartung mit größerer Wahrscheinlichkeit Frauen.
- Der aufrechte Gang provoziert verfrühte Geburten – nach PORTMANN (1958) und GEHLEN (1967) die wichtigste Ursache für Instinktverlust und Lernnotwendigkeit. Die besonders pflegebedürftigen Kinder konnten nur überleben, wenn sie besonders pflegefähige, d. h. liebevolle und intelligente Mütter hatten.
- Die empfindlichen Kinder hatten darüber hinaus höhere Überlebenschancen, wenn ihre Mütter heilkundliche Fähigkeiten entwickelten.
- Die Überlebenschancen der aufrecht gehenden und zu früh geborenen Vormenschen hingen also sehr von der Intelligenz der Frauen und deren

Machtstellung in der Gruppe ab. Die spezielle Aufgabe der Männer, nämlich die Verteidigung der Gruppe, bedurfte vor der Zeit der Waffenherstellung mehr des blinden Mutes als der Intelligenz, die ja eher die schleunige Flucht nahegelegt hätte.

– Der aufrechte Gang hatte noch eine andere Folge: Der Orgasmus der Frau wurde wegen der Verlagerung der Vagina schwieriger bzw. brauchte mehr Zeit als die Ejakulation des Mannes. Unter diesen Umständen ging der Hominidenfrau das Interesse an dem »affigen« 10-Sekunden-Koitus ziemlich verloren. Der Mann mußte also die Frau umwerben, sie mit Zärtlichkeiten und sonstigen Zuwendungen stimulieren – es sei denn, er unterwarf sie seiner Gewalt. Dafür aber fehlten im Matriarchat alle soziokulturellen Voraussetzungen. (Vgl. Elaine MORGAN 1972 – nicht zu verwechseln mit Lewis Henry MORGAN, 1818–1881, einem Klassiker der Matriarchat-These, an dem sich bereits MARX und ENGELS orientierten.)

In der Anthropologie wird die *Matriarchat-These überwiegend abgelehnt*. Das hat mehrere Gründe:

– Die Matriarchat-These wird vielfach mit alten Mythen und Sagen begründet (vgl. z.B. GÖTTNER-ABENDROTH 1983; FESTER u.a. 1985). Diese Begründung gilt als ebenso schwach wie der Rückschluß von der christlichen Ideologie auf eine christliche Realität. Mythen und Ideologien haben häufig die Funktion, gegenläufige kulturelle Einseitigkeiten zu kompensieren.
– Viele Anthropologen lassen die vor der Zeit der Jäger liegende Zeit der Sammler außer acht, weil sie glauben, der aufrechte Gang – eine der wichtigsten Voraussetzungen der Menschwerdung – sei erst aus den Notwendigkeiten der Jagd entstanden. Inzwischen setzt sich aber immer mehr die Theorie von HARDY durch, nach der die Vormenschen den aufrechten Gang, die Nacktheit, die Benutzung von Steinwerkzeugen, die Sprache u.v.a.m. ihrer Flucht vor der unerträglichen Hitze des Pliozäns an das und in das Meerwasser zu verdanken haben (vgl. MORRIS 1986, MORGAN 1972).
– Andere mißverstehen die Matriarchat-These als die Behauptung, daß die Frauen in ähnlicher Weise geherrscht hätten wie später die Männer, und lehnen sie deshalb ab.
– Die meisten Anthropologen sind männlich.
– Diejenigen männlichen Wissenschaftler, die das Matriarchat als historische Realität anerkennen (insbesondere BACHOFEN, MORGAN L. H., MARX u. ENGELS), haben das Matriarchat als evolutionäre Primitivform abgewertet und dabei übersehen, daß gesellschaftliche Spätformen (in diesem Fall die patriarchalisch organisierte Gesellschaft) sich eines Tages als evolutionäre Sackgassen erweisen können.

(Eine informative und spannende Darstellung der Vorgeschichte des Menschen unter besonderer Berücksichtigung der Stellung der Frau und der revolutionären ›Wasseraffentheorie‹ von HARDY gibt MORGAN 1972.)

Das Matriarchat wurde hier besonders herausgestellt, weil die *Bedeutung der Frauen für den mystisch-magischen Erkenntnisweg* offensichtlich ist. Man denke nur an die Priesterinnen in der Antike, an die Nonnen in der christlichen Mystik, an die Hexen des Mittelalters und an die heutigen Kräuterfrauen, Kartenlegerinnen, Hellseherinnen etc. Schon Eva verdankte den Zugang zum Baum der Erkenntnis ihrer Verbindung mit der Schlange, der Botschafterin aus der Unterwelt.

Während die Matriarchat-These noch umstritten ist, besteht Einmütigkeit darüber, daß die *ersten Menschen mystisch-magisch orientiert* waren.

Das läßt sich nachvollziehen, wenn man sich in die Situation einfühlt, in die unsere frühen Vorfahren gerieten, wenn ihre erfahrenste und weiseste Mutter verstarb. Es muß ein mit Angst und Trauer verbundener Verlust gewesen sein.

Andererseits erlebten unsere Vorfahren aus der Selbst- und Fremdbeobachtung, daß im Körper eine Seele wohnt, die im Traum frei beweglich handelt, während der menschliche Körper bewegungslos schläft. Es lag nahe, im Fall des endgültigen Schlafes an die unabhängige traumhafte Weiterexistenz der Seele zu glauben und sich zur Herstellung einer gemeinsamen Kommunikationsebene ebenfalls in einen traumhaften Zustand zu versetzen (z.B. durch rhythmische Gesänge, Tänze oder pflanzliche Stoffe), um sich dann mit den Ängsten, Sorgen und Wünschen an die Verstorbene bzw. an alle Verstorbenen wenden zu können.

Diesen Vorgang nachempfinden heißt, etwas von den Entstehungsgründen des Ahnenkultes und des mystisch-magischen Erkenntnisweges zu verstehen.

II. Die Wildbeutergruppen

Über die *Wildbeutergruppen* wissen wir mehr als über die reinen Sammler, weil viele ihrer Werkzeuge, künstlerischen Produktionen und sonstigen Hinterlassenschaften aufgefunden wurden und weil sich einige Stämme bis in die Neuzeit hinein hielten, z.B. die Buschleute in Südafrika. Allerdings sind die heutigen Wildbeuterkulturen nur partiell mit den vorgeschichtlichen Wildbeuterkulturen des Pleistozäns vor 2 Mill. Jahren vergleichbar, weil sie aus ihren ursprünglichen Wohngebieten verdrängt wurden, unter Fremdherrschaft standen und vom Aussterben bedroht sind.

»Das Wildbeutertum ist eine rein aneignende Wirtschaftsform ohne Vorratshaltung. Wildbeuter pflegen die Natur noch in keiner Weise, um ihre Nahrung zu gewinnen. Allerdings ist bei fast allen Wildbeutern der Gedanke verbreitet, daß immer nur so viel Nahrung erbeutet werden darf, wie zum Lebensunterhalt nötig ist... Wildbeuter beachten immer und überall eine strenge Arbeitsteilung nach den Geschlechtern, d. h., der Mann ist Jäger, die Frau Sammlerin. Obgleich die Frau durch ihre Sammeltätigkeit weit mehr zum Unterhalt der Familie beisteuert als der Mann, wird doch die Jagd valorisiert... Die Wildbeuterkulturen sind bezüglich Mann und Frau relativ ausgeglichen organisiert. Beide Seiten tragen zum Lebensunterhalt bei; beiden kommt auch in etwa, sieht man von den Australiern ab, eine gewisse Unabhängigkeit zu. In den höheren Jägerkulturen aber tritt die Frau zurück. Da der Mann allein Jäger ist, hat die Frau nur wenig an Nahrungsmitteln beizutragen. Ihre Arbeit (z. B. bei den Eskimos) ist zwar unerläßlich für die Familie, aber da die Jagd valorisiert wird, werden die Frau und ihre Arbeit nicht hoch eingeschätzt (obgleich die Eskimowirtschaft ohne die Frau nicht existieren könnte). (THIEL 1983, S. 45 ff.)

Die *Bedeutung der Frau* in den eiszeitlichen Wildbeutergruppen läßt sich aus den eindrucksvollen künstlerischen Hinterlassenschaften erschließen.

»Die sog. Venusstatuetten mit ihren typisch weiblichen Attributen stellen ohne Zweifel reife, fruchtbare Frauen dar. An sie waren vermutlich Wünsche zur Vermehrung der Gemeinschaft geknüpft. Bei einem Teil von ihnen und auch auf Felsabbildungen des Spätpaläolithikums ist die erotische Aussage gegenüber der mütterlichen betont. Die Anhänger in abstrakter Frauengestalt von Dolni Vestonice oder die Statuetten von Nebra wären als Objekte einer Liebesmagie denkbar. In den realistischen Frauenplastiken werden von einigen Forschern Objekte gesehen, die die Bedeutung der Frau als gesellschaftlich geachtete Kraft im Leben der Gemeinschaft – als Hüterin des Wohnplatzes, Sammlerin und Mutter symbolisieren.« (GRÜNERT et al. 1982, S. 156)

Die *mystisch-magische Orientierung der Wildbeuterkulturen* geht ebenfalls aus den aufgefundenen Kunstgegenständen und Höhlenmalereien eindeutig hervor.

Bei den Wildbeutern geht es aber nicht mehr um mystisch-magische Kontakte zu den Verstorbenen, sondern im Rahmen totemistischer Vorstellungen um die *möglichst enge Verbindung von Mensch und Natur,* wobei das Jagdwild eine herausgehobene Bedeutung einnimmt. Viele Bilddarstellungen kombinieren menschliche und tierische Körper in einen Organismus.

»Mit dem Glauben der Jäger und Sammler an übernatürliche Eigenschaften von Tieren, einigen Pflanzen und manchen Erscheinungen der unbelebten Natur bildete sich der Wunsch heraus, mit diesen Wesen direkt in Verbindung zu treten. Es herrschte die irreale Vorstellung, daß Glück und Wohlergehen auf der einen Seite und Unheil, Krankheit, Tod auf der anderen Seite vom guten oder bösen Willen und von Wünschen der personifizierbaren natürlichen Umwelt sowie der Menschen aus einer benachbarten oder der eigenen Gruppe abhänge. So entstanden Zauberkundige, Schamanen, die angeblich die Macht besaßen, mit den Geistern in Verbindung zu treten.« (GRÜNERT 1982, S. 158)
Die Kennzeichnung als »irreale Vorstellung« oder gar »urzuständlicher Blödsinn« (ENGELS in einem Brief an C. SCHMIDT vom 27. 10. 1890) klingt in einer Zeit, in der sich erweist, daß die Wildbeuter mit ihren mystisch-magischen Erkenntnissen ökologisch erfolgreicher waren als wir mit unseren modernen Mythen, reichlich arrogant.

Die Schamanen der Wildbeuter scheinen überwiegend männlich gewesen zu sein. Ferner gibt es Indizien, daß die mystisch-magischen Rituale nicht mehr eine Sache der ganzen Gruppe waren, sondern zunehmend von den Schamanen monopolisiert wurden. Sibirische Schamanen waren sich offenbar ihres weiblichen Erbes noch bis in die Neuzeit bewußt, jedenfalls trugen sie häufig Frauenkleider.

III. Die bäuerischen Sippenverbände

Die nächste Phase unseres historischen Schemas ist die Ära der *bäuerischen Sippenverbände,* die sich im Mesolithikum entwickelten und sich im Neolithikum weltweit durchsetzten (sog. neolithische Revolution).

»Nach unserem archäologischen Kenntnisstand entfaltete sich in den Bergländern des vorderen Orients während des 10. und 9. Jt. v. u. Z., in Ansätzen vermutlich schon etwas früher beginnend, eine neue Wirtschaftsform im Schoße der alten, auf Jagen und Sammeln begründeten Ökonomie. Sie ist charakterisiert durch das Miteinander von Wildgetreide-Ernten und sich daraus entwickelndem Pflanzenanbau sowie Tierhaltung mit beginnender Tierzucht, lokal ergänzt durch Fischwirtschaft. Die Jagd ging in ihrer Bedeutung langsam zurück und wurde später von den Tierzüchtern vorwiegend zur Schonung der Herden betrieben.« (GRÜNERT 1982, S. 181)

Die landwirtschaftliche Produktionsweise veränderte auch die Arbeitsteilung zwischen den Geschlechtern und die Bedeutung sowie Bewertung ihrer Beiträge. Es entstand das *Patriarchat*.

»Mit dem Aufkommen der Viehzucht, der sich der Mann als Jäger annahm, trat die Jagd immer mehr in den Hintergrund. Die Viehzucht entwickelte sich zu dem für die Versorgung des Stammes mit hochwertigen Nahrungsmitteln zuverlässigsten Produktionszweig. Auch der Ackerbau erforderte mit der Entwicklung schwerer Ackerbaugeräte zunehmend die größere Körperkraft des Mannes. Der Mann nahm mehr und mehr eine herrschende Stellung ein. Das Matriarchat wurde in dieser Phase der Urgemeinschaft durch das Patriarchat abgelöst.« (JONAS et al. 1969, S. 82)

Der Ackerbau brachte auch eine *völlig neue Einstellung zur Natur* mit sich.

Die Sammler und Jäger hatten sich als von der Natur Beschenkte verstanden und waren in dem Maße erfolgreich, wie sie sich als organischer Bestandteil derselben erlebten und verhielten. Die ›unio mystica‹ des mystisch-magischen Erkenntnisweges war Ursache und Folge dieser Verständnisinnigkeit mit der Natur.

Demgegenüber trotzt der Bauer der Natur die pflanzliche und tierische Nahrung durch gewaltsame Veränderung der ökologischen Gegebenheiten ab. Er rodet oder brennt Wälder nieder, um neues Ackerland zu erschließen, er bricht die Böden auf, er zwingt die Tiere in die Domestikation und verändert ihr Erbgut, er be- und zersiedelt das Land. Kein Wunder, daß Gott das Opfer des Schäfers Abel gnädiger entgegennahm als das Opfer des Ackerbauern Kain. Historisch stimmig auch, daß der Ackerbauer den Schäfer erschlug (vgl. Schöpfungsgeschichte im Alten Testament).

Dieser Bruch mit der naturwüchsigen Umwelt macht es dem Bauern unmöglich, sich in mystisch-magischen Vereinigungen von der Stimme der Natur bestimmen zu lassen. Er ist besser beraten, sich von seinem Vater sagen zu lassen, was er zu tun hat.

Bäuerisches Wissen ist tradiertes Wissen. Dogmatische Treue ist in der agrarischen Ökonomie ein ziemlich sicheres Erfolgsrezept. Die Existenz des bäuerischen Sippenverbandes bewies, daß die tradierten Normen der Altvorderen nicht ganz falsch gewesen sein konnten. Neuerungen aber sind gerade im landwirtschaftlichen Bereich riskant.

Da der ranghöchste, meist der älteste Bauer zugleich religiöses Oberhaupt des Sippenverbandes war, reichte er nicht nur die agrartechnischen, sondern auch die ideologischen Traditionen seiner Väter weiter. Neu auftauchende Probleme wurden möglichst im Rahmen des alten tradierten Wissens gelöst.

Der mystisch-magische Erkenntnisweg verlor also seine Vormachtstellung, der *deduktiv-dogmatische Erkenntnisweg* bestimmte den größten Teil des Denkens und Handelns.

IV. Die feudalistische Gesellschaft

Ackerbau und Viehzucht erwiesen sich als so produktiv, daß einerseits die Bevölkerungsdichte kräftig zunahm und andererseits die Überschüsse zu Konzentrationen des Reichtums und der Macht in einigen besonders durchsetzungsfähigen Sippen führten. Allmählich entstanden aristokratische Eliten. Aus deren Machtkämpfen kristallisierten sich schließlich herrschende Geschlechter, sogenannte Dynastien, heraus, die die Spitze eines zentralisierten, hierarchisch gegliederten, feudalistischen Staates darstellten (›feudalistisch‹ im weitesten Sinne des Wortes).

Diese zentralisierte Herrschaft wurde durch die Überproduktion möglich und wegen der Zunahme der Bevölkerung und deren überregionalen gemeinsamen Interessen auch notwendig.

»Die Siedlungssysteme weiteten sich aus, der Umfang der notwendigen gemeinsamen Arbeiten nahm zu, die Auseinandersetzungen mit benachbarten Siedlungseinheiten wurden häufiger. Eine Zentralisierung der Leitung und Koordinierung aller Arbeiten wurde historisch notwendig und lag im gemeinsamen Interesse. Im archäologischen Befund wie auch im inschriftlichen Material wird diese Entwicklung im Hervortreten eines Herrschers erkennbar, der schließlich einen Machtanspruch gegenüber den noch gentil geprägten Institutionen und der Aristokratie der Gemeinden durchsetzte und als ›zusammenfassende Einheit‹ das Gemeinwesen repräsentierte.« (GRÜNERT 1982, S. 232)

Der Herrscher war nicht nur die Spitze der staatlichen Verwaltung und oberster Feldherr, sondern auch der höchste geistige und geistliche Führer.

»Die Durchsetzung der Macht des Herrschers war nur möglich durch eine Okkupation von Kompetenzen im religiösen Bereich, d.h. der Ideologie. Der Herrscher beanspruchte für sich, die Gemeinschaft gegenüber den Göttern zu repräsentieren, ihr deren ›Willen‹ zu übermitteln und ihn durchzusetzen. Als höchster Priester vollzog er die wichtigsten kultischen Handlungen, die dem Gemeinwesen den Beistand der Götter für seine ökonomische und politische Fortexistenz sichern sollten.« (GRÜNERT 1982, S. 232)

Solche Priester-Herrscher waren z.B. die ägyptischen Pharaonen. Wie wir aus der Bibel erfahren, waren sie aber nicht mehr in der Lage, ihre eigenen Träume zu verstehen. Auch die anderen Priester des Landes vermochten das nicht. Joseph, der diskriminierte Abkömmling eines fremden Hirtenstammes, mußte herbeigeholt werden. (Bei der Gelegenheit eine freie Assoziation: Ein später Abkömmling desselben Volkes war vonnöten, als es darauf ankam, die Träume der bürgerlichen Gesellschaft zu deuten: Sigmund FREUD!) Joseph verstand sofort die Träume des Pharaos. Danach wurde er sein Berater und sorgte dafür, daß alles Land Eigentum des Pharaos wurde.

Ein anderer Meister der Nutzung mystisch-magischer Fähigkeiten für die politische Führung eines Volkes war Mose. Ebenfalls ein Kind des hebräischen Hirtenvolkes, aber erzogen in der Familie eines Pharaos. Innerhalb eines Lebens schmiedete er aus etlichen mystisch-magisch orientierten Hirtenstämmen ein seßhaftes deduktiv-dogmatisch ausgerichtetes Staatsvolk. Verkürzt ausgedrückt: Moses stieg als Mystiker auf den Berg (er war zur direkten Verbindung mit Gott fähig) und kam als Dogmatiker wieder herunter (mit den in Stein geschlagenen 10 Geboten). Gott nahm ihm allerdings übel, daß er weiterhin statt aus Gottvertrauen und Gesetzestreue mittels Zauberstab für sein Volk sorgte. Damit bewies er, daß er für den Aufbau einer deduktiv-dogmatischen Theokratie doch noch nicht reif genug war.

Die bis in die Gegenwart reichende Macht der 10 Gebote belegt die gesellschaftsformierende Kraft, aber schließlich auch die entwicklungshemmende Funktion von staatstragenden Dogmen.

Global läßt sich feststellen, daß überall, wo zentralisierte feudalistische Staaten auf der Basis von Ackerbau und Viehzucht entstanden, der *deduktiv-dogmatische Erkenntnisweg* eine eindeutige Vormachtstellung innehatte.

Voraussetzung und Ergebnis dieser Entwicklung war die *Erfindung der Schrift*. Wer die eigenen Weltanschauungen – ob mystisch gewonnen oder nicht – für ein ganzes Volk verbindlich machen will, muß sie festschreiben und spätestens damit den mystisch-magischen Erkenntnisweg verlassen.

Ebenso gilt, daß in allen zentralisierten feudalistischen Staaten das *Patriarchat weiter ausgebaut* wurde. Damit ist aber nicht gesagt, daß die Frauen der totalen Abwertung anheimfielen. Die Achtung der Frau war in der Regel eine wichtige Soll-Norm; allerdings ist das Verhältnis von Soll-Norm und Ist-Norm im allgemeinen eher dialektisch als harmonisch.

Die Trias von klerikal-feudalistischem Zentralismus, Patriarchat und deduktiv-dogmatischem Erkenntnisweg hat unsere abendländische Geschichte bis zum Aufstieg des Bürgertums bestimmt und ist auch heute noch wirksam. Nach BAHRO (1977) sind sogar die Ostblockstaaten dogmatisch-patriarchalische Theokratien, wenn auch ohne Gott.

V. Die frühkapitalistische Gesellschaft

Dem Adel und Klerus gelang es, die Auflehnungen der ausgebeuteten bäuerischen Landbevölkerung immer wieder zu unterdrücken. Aber mit dem Beginn des zweiten nachchristlichen Jahrtausends begann in Europa der Aufstieg der Städte und mithin die frühkapitalistische Wirtschaftsform. In den folgenden Jahrhunderten nahm die wirtschaftliche und kulturelle Autonomie der Städte trotz zäher Restaurationskämpfe der Kirche und des Adels ständig zu.

Wie bereits unter C. III. dargestellt, haben Handwerker und Kaufleute eine *empiristische Sichtweise* gemeinsam. Dogmen sind für Kaufleute bei internationalen Geschäften ebenso nutzlos und hinderlich wie für Handwerker in einer Zeit stürmischer naturwissenschaftlicher und technischer Fortschritte.

Durch die weltweiten Entdeckungsfahrten, Forschungsreisen, Missionierungen, Kolonisierungen, Handelsbeziehungen einerseits sowie durch die Erfindung neuer Beobachtungsinstrumente (z.B. Fernrohr und Mikroskop) andererseits kam eine ungeheure Informationsflut auf die Menschen zu. Sie hatten alle Hände voll zu tun, sie aufzufangen, zu ordnen, auszuwerten und darzustellen. In dieser Zeit wurde die *induktiv-empiristische Methodologie* entwickelt. Insbesondere die Wahrscheinlichkeitstheorie und die datenverarbeitende Statistik.

Noch etwas anderes hatten Handwerker und Kaufleute gemeinsam: *ein Patriarchat, das noch wesentlich ausgeprägter war als in der bäuerischen Kultur.* Die Bäuerin hatte und hat durch ihre Mitwirkung in Haus, Hof und Feldarbeit und durch spezifisch ökonomische Kompetenzbereiche eine wesentlich höhere Gegenmacht als die Frau des Handwerkers, der seine Werkstatt allein mit seinen Gesellen und Lehrlingen versieht, erst recht als die Frau des Kaufmanns, der seine Geschäfte außerhalb des Hauses oder gar auf entfernten Märkten betreibt.

Beim Kaufmann kommt noch die Befürchtung hinzu, die Ehefrau könnte während der wochen- und monatelangen Geschäftsreisen untreu werden und damit die Ehre der Familie und den Ruf des Geschäfts gefährden. Sexualfeindliche Erziehung und moralische Einschüchterungen besonders der Mädchen waren die vorbeugenden Reaktionen des patriarchalischen Bürgertums. Als wirksame Sozialisationsinstanz in der gewünschten Richtung hatten dann auch die Kirchen – die katholischen wie die reformierten – mitten in der bürgerlichen Gesellschaft noch eine wichtige, gut finanzierte Funktion. LUTHERS erfrischendes Bekenntnis zum Rölpsen und Forzen und zum Vögeln wurde eilig verdrängt und darf in einem Lehrbuch wie diesem auch heute kaum zitiert werden.

VI. Die spätkapitalistische Gesellschaft

Die nächste Phase, die spätkapitalistische Gesellschaft, ist die Epoche, in der wir leben. Sie unterscheidet sich von der frühkapitalistischen Phase durch die Weiterentwicklung der Handwerksbetriebe zur großindustriellen Fabrikation.

Der Kapitalhandel, eigentlich der Handel mit Produktionsmitteln, gewinnt gegenüber dem Handel mit den Produkten immer mehr an Bedeutung. Erfolgreiche Kapitalhändler (dazu zählen auch die privaten und staatlichen Banken) verfügen nicht nur über gewaltige

Vermögen, sondern haben auch direkten, kaum kontrollierbaren Einfluß auf die Volkswirtschaft.

Die Vernetzung der Industrie bei gleichzeitiger Konzentration des Kapitals in den Händen Weniger paralysiert den für den bürgerlichen Kapitalismus lebensnotwendigen Wettbewerb und führt in eine Verquickung von Staat und Kapital. Parlament und Regierung werden allmählich zu Vollzugsorganen der Produktionsmittel-Eigentümer (sog. staatsmonopolistischer Kapitalismus).

Wenn man von den Kriegen und Krisen und der ökonomischen Vernichtung der Kulturen der sog. Entwicklungsländer einmal absieht, ist dem Kapitalismus die Befriedigung der Konsumbedürfnisse der Bevölkerung bislang besser gelungen als dem Feudalismus und der konkurrierenden staatlichen Planwirtschaft in den Ostblockländern. Weniger erfolgreich ist der Spätkapitalismus hingegen in der Einlösung seiner ideologischen Verheißungen. Die in der bürgerlichen Revolution 1789 verkündeten Ideen der

»...Freiheit der Persönlichkeit offenbaren sich in der gesellschaftlichen Praxis als die Freiheit kapitalistischen Wirtschaftens. Die Idee der Gleichheit aller Bürger trat als die Gleichheit der Warenbesitzer in Erscheinung, die Idee der Brüderlichkeit aller Menschen als Kampf aller gegen alle.« (KLAUS u. BUHR 1971, S. 553)

Diejenigen, die darauf gebaut hatten, daß wenigstens die egoistische Nüchternheit, Rationalität und Vernunft der Wirtschaftenden sich durchsetzen würden, sahen sich spätestens durch das Inferno des Ersten Weltkrieges desillusioniert. Der Schock dieses Krieges und später der Weltwirtschaftskrise riß auch die bürgerlichen Intellektuellen in eine tiefe ideologische Krise. Das Vertrauen auf den erfahrungsgeleiteten gesunden Menschenverstand und auf die Segnungen des Fortschritts schlug in allgemeine Skepsis um.

In der Wissenschaftstheorie verlor der bis dahin unangefochtene positivistische Empirismus an Boden. 1934 stellte POPPER ihm seinen ›Kritischen Rationalismus‹ entgegen, dessen erkenntnistheoretischer Kern hier unter dem Begriff ›deduktiv-theoriekritischer Erkenntnisweg‹ beschrieben wurde.

Ideologiegeschichtlich ist der Kritische Rationalismus eine Verbindung der bürgerlichen Freiheitsideale (jeder darf aus seiner Ratio Theorien entwerfen) und der durch die Krisen des Spätkapitalismus erzeugten fundamentalen Skepsis (jede Theorie, mag sie noch so empirisch aufgebaut, plausibel und vernünftig erscheinen, bedarf der radikalen logischen und empirischen Überprüfung).

Bezüglich der Geschlechtsrollenverteilung findet wegen der zunehmenden wirtschaftlichen Verwertung der weiblichen Arbeitskraft, wegen des Ausfalls der Männer in den beiden Weltkriegen und wegen des offensichtlichen Versagens des Patriarchats eine Auflockerung statt.

In der aufgeklärten oberen Mittelschicht gelingt es gut ausgebildeten, selbstbewußten Frauen immer häufiger, gemeinsam mit anderen Frauen die vielgeschmähte Mutter- und Hausfrauenrolle so umzugestalten, daß sie mit mehr Autonomie und Selbstverwirklichung und weniger Selbstentfremdung verbunden ist als die zwar privilegierte, aber de facto doch ›Rädchen-in-der-Uhr-Rolle‹ ihres akademischen Ehemannes.

Da in jenen Bevölkerungsschichten der Mann in der Regel erheblich mehr als 8 Stunden täglich arbeitet, übernimmt die Ehefrau häufig die Organisation und das Management der häuslichen ›Firma‹. Weil es sich dabei u.a. um die Verwaltung des familiären Vermögens handelt und die Frau auch den anderen kostbaren Besitz der Familie, nämlich die beiden Kinder, mehr in der Hand hat als der Mann, kann man in solchen Situationen von einem ausgeprägten *Matriarchat* sprechen.
Das stellt aber nicht in Frage, daß in der Gesamtgesellschaft nach wie vor das *Patriarchat* dominiert.

Die weiteren Phasen des Schemas sind tastende Versuche, die gefundenen Entwicklungstrends in die Zukunft zu verlängern.

VII. Der sozialistisch kontrollierte Kapitalismus

Die Prognose ›sozialistisch kontrollierter Kapitalismus‹ geht von folgenden Überlegungen aus:
Die marxistische Vorhersage, die Arbeiterklasse werde die Macht im Staate erkämpfen, um den Sozialismus zu etablieren, scheint gegenwärtig nicht sehr realistisch. Eher zeigen die Arbeiter und Bauern in den sogenannten sozialistischen Staaten ein Interesse an der Einfüh-

rung von freier Marktwirtschaft und in gewissem Umfang sogar an Produktionsmitteln in Privateigentum.

Die Geschichte der Arbeiterbewegung in den westlichen Ländern hat nicht zum Abbau des Privateigentums an Produktionsmitteln geführt (vermutlich auch gar nicht ernsthaft angestrebt), wohl aber zur zunehmenden Kontrolle und Mitbestimmung in den Betrieben und Parlamenten. Man braucht nur das vorige Jahrhundert mit dem unsrigen zu vergleichen, um diese Entwicklung zu erkennen. Einige Stichworte mögen genügen:

Betriebsverfassungs- und Personalvertretungsgesetz, Betriebs- und Personalräte, Arbeitsdirektoren, Kündigungsschutz, Streikrecht, Tarifautonomie, Aktienbesitz in Arbeiterhand, genossenschaftliche Produktion, genossenschaftlicher Handel und genossenschaftliche Banken, Legalisierung der Arbeiterparteien und schließlich sogar ihre Beteiligung an der Regierungsgewalt.

Unter den westlichen Staaten könnte man vielleicht Schweden als denjenigen bezeichnen, der auf dem Weg in den sozialistisch kontrollierten Kapitalismus am weitesten fortgeschritten ist. Aber auch die Entwicklung in bestimmten Ostblockstaaten (z.B. Ungarn und China) weisen in eine ähnliche Richtung.

Die Prognose ›*Gleichberechtigung*‹ ist ebenfalls eine Fortschreibung des bereits beschriebenen Trends. Dieser Trend bezieht sich allerdings zunächst auf die Familie, evtl. auch auf Kollegien im Arbeitsbereich. Anders sieht es mit der Besetzung ranghoher Positionen in Wirtschaft, Verwaltung und Politik aus. Sogar wenn sie dürften, würden viele Frauen es möglicherweise als Zumutung ablehnen, in den historisch gewachsenen, d.h. patriarchalisch organisierten Hierarchien Spitzenpositionen zu übernehmen. Aber auch hier gibt es erste ermutigende Anzeichen (z.B. weibliche Führungskollektive in alternativen politischen Parteien).

Die Vorhersage, daß im sozialistisch kontrollierten Kapitalismus der *dialektisch-materialistische Erkenntnisweg* dominant werde, läßt sich nicht einfach als eine Verlängerung eines schon deutlich vorhandenen Trends darstellen.

Wenn man schaut, in welchen wissenschaftlichen Disziplinen er schon heute benutzt wird, dann kommen am ehesten die Human- und Sozialwissenschaften in Betracht. Kein Wunder, denn ihr Gegenstand sind ja die menschlichen und gesellschaftlichen Widersprüche.

Meine Vermutung ist nun, daß diese Wissenschaften im sozialistisch kontrollierten Kapitalismus von überragender Wichtigkeit sein werden. In einer total vergesellschafteten Welt wird der einzelne Mensch zu einer spezialisierten Ameise in einem immer größeren und immer unübersichtlicheren Ameisenstaat. Der Einzelne und der Staat werden darauf angewiesen sein, mit sozialwissenschaftlicher Hilfe Überblick über das komplizierte und widerspruchsvolle Gesamtgeschehen zu gewinnen.

Das kann aber wohl kaum eine Sozialwissenschaft leisten, die am naturwissenschaftlich ausgerichteten, deduktiv-theoriekritischen Paradigma orientiert ist. Naturwissenschaft und die an ihr orientierten Sozialwissenschaftler sind ja gerade nicht daran interessiert, komplizierte Wirklichkeit in ihren Widersprüchen abzubilden, sondern programmatisch bemüht, sie auf möglichst einfache Modelle zu reduzieren.

In meiner psychotherapeutischen Praxis habe ich erfahren, daß der große Vorteil der dialektisch-materialistisch orientierten Psychoanalyse darin liegt, die vielfältigen psychodynamischen Widersprüche bewußt zu machen; sie nicht zu reduzieren, sondern zu fruchtbaren, weil bewegenden Komponenten der Identität werden zu lassen.

In ganz ähnlicher Weise versteht die dialektisch-materialistische Sozialwissenschaft die gesellschaftlichen Widersprüche als vorantreibende Bewegungskräfte der historischen Entwicklung und als wichtigstes Thema ihrer analytischen Arbeit.

Diese doppelte Bejahung könnte dem dialektisch-materialistischen Erkenntnisweg in der hier vorausgesagten Gesellschaftsformation eine dominante Stellung verschaffen.

VIII. Faschistische Technokratie gegen subkulturelle
       Anarchie

Unter *Technokratie* verstehe ich nicht die Herrschaft der Technik (es gibt keine bzw. noch keine Maschine mit Herrschaftsinteressen), sondern die Führung der Gesellschaft durch Techniker unter Ausnutzung aller technischen Mittel.

Unter *Faschismus* verstehe ich nicht nur die italienische und deutsche parteipolitische Bewegung nach dem Ersten Weltkrieg, sondern jede populistische Ideologie, die gezielt eine straffe Hierarchisierung der ganzen Gesellschaft oder bestimmter gesellschaftlicher Organisationen mit möglichst unbeschränkter Herrschaft der Organisationsspitze anstrebt und die entschlossen ist, oppositionelle Tendenzen mit allen Mitteln zu unterbinden.

Unter *Anarchie* verstehe ich nicht Chaos und Terror, sondern eine gesellschaftliche Lebensform ohne staatliche Ordnung, ohne Hierarchie, ohne Privateigentum an Produktionsmitteln auf der Basis freier Vertrags- und Assoziationsbeziehungen.

Wenn man den rasanten Siegeszug der Informationstechnik extrapoliert, ist abzusehen, daß die Produktion immer mehr *automatisiert* wird. Sogar die Reparatur der Automaten und schließlich die Herstellung der Automaten könnten weitgehend von Automaten bewerkstelligt werden.

In den Befehlszentralen solcher automatisierter Produktionsstätten müssen hochqualifizierte technische Eliten den reibungslosen Ablauf gewährleisten. Die informationstechnologische Vernetzung der Produktionsstätten wird im Ergebnis dazu führen, daß die gesamte Wirtschaft zu einem automatisierten Gesamtsystem wird, dessen staatliche Steuerung und Überwachung wieder nur durch hochqualifizierte technische Eliten möglich ist. Wesentliche Teile der produktionsorientierten Forschung könnten von lern- und denkfähigen Computern geleistet werden.

Das Gesamtsystem müßte mit allen polizeilichen Mitteln gegen Kriminelle, Verrückte und Rebellen abgesichert werden. Ein Staat, der sich zu einer *faschistisch-technokratischen Ideologie* bekennt, wäre solchen Aufgaben am ehesten gewachsen.

Die Folge wäre eine *Dehumanisierung des Produktionsbereichs* im zweifachen Sinne:
1) die massenhafte Liquidierung von Arbeitsplätzen würde die Zahl der in der Produktion tätigen Menschen drastisch dezimieren;
2) die Arbeits-, Kommunikations- und Herrschaftsformen der verbleibenden technokratischen Eliten hätten nicht mehr viel mit unseren Vorstellungen von Humanität zu tun.

Vielleicht sind die gegenwärtig überall beobachtbaren Verhärtungen, die mit dem Motto »Brutalstaat statt Sozialstaat« gekennzeichnet werden, bereits Vorboten der beschriebenen Entwicklung.

Ausgenommen wäre der Produktionsbereich Mensch – unter der Voraussetzung, Menschen würden noch auf die herkömmliche Art gezeugt und geboren. An die Erziehung von Kindern würden allerhöchste Ansprüche gerichtet. Aus ihnen müßten sich ja die technokratischen Eliten, die Sicherheits- und Ordnungskräfte sowie die Erzieher rekrutieren.

Die in der Erziehung angestrebte funktionsspezifische Tüchtigkeit wäre extrem hoch. Dazu zählen je nach Rolle Intelligenz, Sensibilität, Kreativität, Stabilität, Dynamik, Elastizität etc. Solche Sozialisationsziele lassen sich beim homo sapiens nicht nur mit Anpassungsdressur erreichen.

Die technokratischen Machteliten müßten also aus eigenen Interessen im privaten und gesellschaftlichen Reproduktionsbereich eine ganz andere Kultur zulassen, als sie der eigenen Berufs- und Herrschaftspraxis entspricht.

Das ist die Chance für *subkulturell-anarchistische Tendenzen*. Ich vermute in der subkulturellen Anarchie die Entwicklung eines *androgynen Menschentyps*, weil die Arbeitsteilung, auf die unsere Geschlechtsrollen zurückgehen, nicht mehr existieren würde. Frauen und Männer hätten als gemeinsamen (bezahlten) Hauptberuf die Entwicklung der Kinder.

Diese Vermutung ist nicht nur eine wunschgesteuerte Hoffnung – das ist sie sicher auch –, sondern kann sich auf Beobachtungen in der Berliner subkulturellen Szene stützen. Es gibt dort schon heute Gruppen und Wohngemeinschaften, die sich um die Entfaltung anarchistischer, androgyner Menschlichkeit mit eindrucksvollen Ergebnissen bemühen.

Die gemeinsamen Aufgaben solcher Kollektive, beispielsweise die Erziehung ihrer eigenen oder der ihnen anvertrauten Kinder, steht immer wieder vor den drei klassischen Fragestellungen »was geschieht?«, »warum geschieht es?«, »was können wir tun?«, die nur befriedigend beantwortet werden können, wenn die Kommunikation die Qualität der Glaubwürdigkeit erreicht. Das ist genau das Anliegen der *Aktionsforschung!*

Die enge Wesensverwandtschaft der Aktionsforschung mit der anarchistischen Utopie wird an ihren zentralen Forderungen nach herrschaftsfreiem Diskurs und praktischer Solidarität offenbar. Nach umfangreichen anthropologischen Studien hält KROPOTKIN, einer der geistigen Väter des humanitären Anarchismus, die genetisch angelegte Bereitschaft und Fähigkeit zur gegenseitigen Hilfe für die progressivste Errungenschaft der Evolutionsgeschichte und weist ihre gesellschaftsgestaltende Kraft u.a. in den proletarischen Subkulturen der Neuzeit nach (vgl. KROPOTKIN, 1976).

Zur hier herausgestellten Dialektik von Faschismus gegen Anarchismus und Aktionsforschung paßt, daß der Ursprung der wissenschaftlichen Aktionsforschung die antifaschistische Gruppenforschung war (vgl. LEWIN, 1953).

IX. Individualhistorische Einordnung der Erkenntniswege

In analoger Anwendung der umstrittenen Hypothese von HAECKEL, nach der die »Ontogenese die kurze und schnelle Rekapitulation der Phylogenese« sei, stellt sich die Frage, ob sich das soziogenetische Entwicklungs-Schema der Erkenntniswege auch auf die Psychogenese anwenden läßt.

Die folgenden Phasen sind idealtypische Konstruktionen. Die konkreten Entwicklungen der einzelnen Menschen unterscheiden sich viel zu sehr voneinander, als daß sie alle einem bestimmten Schema gehorchen könnten.

Die mystisch-magische Phase

Das Kleinkind erlebt noch keine klare Abgrenzung zwischen seinem Ich und der Außenwelt. Die Verbindung zur Umwelt ist noch sehr innig, so wie der Mystiker sie anstrebt. Jesus von Nazareth, eine der größten mystisch-magischen Persönlichkeiten der Geschichte, rief aus: »Wer nicht das Reich Gottes annimmt wie ein Kind, der wird nicht hineinkommen!« Das ist m.E. ein sehr direkter Hinweis auf die mystisch-magische Weltbezogenheit des Kindes.

Kleinkinder erfahren, daß ihre Wünsche sich unmittelbar erfüllen, z.B. erleben sie die Annäherung der mütterlichen Brust als direkte Wirkung ihres Hungerschreis. Deshalb wird die erste Lebensphase von manchen Entwicklungspsychologen als ›magische Phase‹ bezeichnet.

Die deduktiv-dogmatische Phase

In der Zeit des Spracherwerbs bis zur Pubertät tendiert das Kind dazu, die Weltsicht der Eltern zu übernehmen. Diese Bereitschaft, sich instruieren zu lassen, wird in der Familie, im Kindergarten, im Kindergottesdienst, in der Vorschule und in der Schule ausgiebig genutzt.

Natürlich geht die Kultur des reifen deduktiv-dogmatischen Erkenntnisweges weit über seine infantilen Wurzeln hinaus. Diese Relativierung gilt in gleicher Weise für die anderen hier aufgeführten individualhistorischen Phasen.

Die induktiv-empiristische Phase

In der Pubertät löst sich der Jugendliche von den Autoritäten und deren Dogmen und macht seine eigenen Erfahrungen. Besonders die sexuellen Erfahrungen fallen in der Regel ganz anders aus, als nach den Aussagen und Ermahnungen der Erwachsenen zu erwarten gewesen wäre.

Die Pubertät gilt als die zweite Trotzphase. In der ersten Trotzphase wehrt sich das Kind gegen den Beginn der elterlichen Autorität, in der zweiten gegen deren Fortsetzung.

Die deduktiv-theoriekritische Phase

Als jungen Erwachsenen wird vielen gewahr, daß es recht schwierig ist, die Welt zu erfassen, daß die Weltanschauungen trotz ähnlicher Erfahrungen doch sehr verschieden sind, daß die eigenen auch schon gewechselt haben und daß das Weltgeschehen immer wieder anders läuft als erwartet. Das führt zu einer skeptischen, kritischen Grundhaltung gegenüber eigenen und fremden Erkenntnismöglichkeiten und einem entsprechenden Bedarf an logischer und empirischer Kontrolle.

Die dialektisch-materialistische Phase

In gleichberechtigten Partnerbeziehungen erleben selbstbewußte Menschen deutlich die zwischenmenschlichen Widersprüche und können auf dem Hintergrund der gegenseitigen Liebe und Achtung entdecken, daß beide Seiten des Widerspruchs Wahrheit enthalten und daß die Synthese etwas ganz anderes ist als ein Kompromiß. Die Liebesbeziehung kann selbst als praktizierte Dialektik von ›Anima‹ und ›Animus‹ gesehen werden. Auch der innere Widerspruch zwischen Autonomie- und Bindungsstreben zwingt immer wieder zu Auseinandersetzungen und neuen Problemlösungen.

(Zur Dialektik als Reifephase menschlichen Denkens vgl. auch RIEGEL 1981.)

Die Phase der Aktionsforschung

Wenn schließlich reife Erwachsene als Paare oder Gruppen gesellschaftliche Aufgaben übernehmen (gemeinsame Kindererziehung, gemeinsame politische Arbeit, gemeinsame berufliche Tätigkeit u. a. m.), sind sie wie Aktionsforschungsgruppen darauf angewiesen, die aufgegebenen Probleme differenziert wahrzunehmen, realitätsgerecht zu analysieren und wirkungsvoll zu behandeln. Diesen Aufgaben werden sie nur gerecht, wenn sie den spontanen gruppendynamischen Tendenzen insbesondere der Hierarchisierung, der Abgrenzung, der Vorurteilsbildung und des Konformismus bewußt widerstehen, sich um Rationalität der Argumentation bemühen, um mindestens den Grundforderungen der Sozialpsychologie an eine erkenntnissuchende Gruppe zu genügen: optimale Kommunikation, Akzeptierung und Unabhängigkeit (vgl. HOFSTÄTTER, 1957, S. 164 ff). Diese Tugenden werden oft leichter aus der sich selbst belohnenden Motivation gegenseitiger Liebe als aus den gleichwohl notwendigen Anstrengungen der Vernunft gewonnen. Wie im Diskurs der Aktionsforschung kommt man beim kooperativen Handeln im sozialen Feld um die Reflexion und Bearbeitung denk- und liebehemmender Neurotizismen allerdings nicht herum, wenn man auf die Kombination von Glaubwürdigkeit und Wirksamkeit nicht verzichten möchte.

Beziehung zwischen den Erkenntnisphasen und PIAGET's *Reifungs-*
perioden

Wie mir Kenner des Lebenswerkes PIAGETs bestätigten, bestehen
enge *Zusammenhänge zwischen* PIAGETs *empirisch gründlich beleg-*
ten Reifungsperioden der Intelligenz und den hier beschriebenen
Phasen der Erkenntnis.

Hebt man die Gemeinsamkeiten hervor, läßt sich
– der Beginn der *mystisch-magischen Phase* in PIAGETs ›*sensomoto-*
rischer Periode‹ auffinden (vgl. den Begriff ›magisch-phänomenisti-
sche Kausalität‹ bei PIAGET u. INHELDER 1986, S. 27),
– der Beginn der *deduktiv-dogmatischen Phase* in der ›*präoperati-*
ven Periode‹, in der die Nachahmung und der Spracherwerb die
»Akkomodation an die äußeren Modelle« sowie die »kognitive,
affektive und moralische Sozialisierung« bewirkt (a.a.O. S. 66 u.
S. 99),
– der Beginn der *induktiv-empiristischen Phase* in der ›*konkret-*
operativen Periode‹, in der die mentalen Operationen »sich direkt
auf die Gegenstände oder ihre Zusammenfassungen (Klassen), ihre
Beziehungen oder ihre Zählung beziehen.« (a.a.O. S. 132),
– der Beginn der *deduktiv-theoriekritischen Phase* in der ›*formal-*
operativen Periode‹, in der der Mensch allmählich fähig wird, »aus
bloß möglichen Wahrheiten die notwendigen Folgerungen zu ziehen, was den Anfang des hypothetisch-deduktiven oder formalen
Denkens darstellt.« (a.a.O. S. 132).

Da PIAGET die spätere Entwicklung nicht weiter aufdifferenziert,
wären die *dialektisch-materialistische Phase* und die *Phase der Ak-*
tionsforschung ebenfalls der *formal-operativen Periode* zuzuordnen,
wofür sich einige – allerdings nicht so deutliche – Anhaltspunkte
finden lassen.

Wie in der von mir konzipierten Psycho- und Soziogenese der
Erkenntnisformen lösen bei PIAGET die Entwicklungsperioden einander nicht ab, sondern überlagern sich aufeinander aufbauend. Die
Verbindung von Entwicklungspsychologie und Erkenntnistheorie
war auch für PIAGET ein zentrales Anliegen (vgl. z. B. PIAGET 1973).

Dieses Kapitel soll nicht abgeschlossen werden, ohne noch einmal
die relativierenden Vorbemerkungen in Erinnerung zu rufen. Das
Hypothetische und Projizierende meiner gesellschafts- und individualhistorischen Deutungen muß betont werden. Vor allen Dingen

die futurologischen Spekulationen überschreiten den Rahmen historischer Wissenschaftlichkeit. Andererseits bin ich immer wieder erstaunt, wie oft sich das Schema bei der Einordnung von Fakten, die ich bei seiner Erstellung noch gar nicht kannte, bewährt hat. Aber vielleicht ist das nur die berüchtigte Einäugigkeit des interessegeleiteten Erfinders.

E. Die hermeneutische Komponente

I. Begriff und Bedeutung der Hermeneutik

Zur Einführung des Begriffs ›Hermeneutik‹, der ursprünglich auf die Auslegung klassischer Texte beschränkt war und noch immer keine einheitliche Definition gefunden hat, einige Charakterisierungen aus der philosophischen Fachliteratur:

»Hermeneutik: Kunst der Auslegung, Verdolmetschungskunst, Erklärungskunst... die Lehre vom Verstehen, vom wissenschaftlichen Begreifen geisteswissenschaftlicher Gegenstände« (SCHMIDT/SCHISCHKOFF 1969, S. 244).

»Hermeneutik: die Kunst der Auslegung, das wissenschaftliche Verfahren der Erklärung eines antiken Schriftwerkes; neuerdings auch die philosophische Methode des Verstehens des menschlichen Daseins und Selbstseins« (HOFFMEISTER 1955, S. 296).

»Das Erfassen von Sinn heißt ›Verstehen‹; der Weg von der Wahrnehmung einer Erscheinung und dem Entwurf einer Möglichkeit zum Erfassen ihres Sinnes heißt ›Auslegung‹, die methodisch kunstgerecht unternommene Auslegung heißt ›Interpretation‹; die Lehre der Auslegungskunst und Theorie des durch Interpretation zustande gebrachten Verstehens heißt ›Hermeneutik‹« (SCHAEFFLER in KRINGS 1974, S. 1628).

»Unter Hermeneutik versteht man die Lehre der Interpretation und des Verstehens historischer Quellen und Überreste. Das Ziel der Hermeneutik ist die Sicherung der gültigen Tradierung der gemeinten Inhalte und Absichten einer Quelle und ihres Urhebers« (ESSER et al. 1977, S. 116).

»Das Ziel aller Verständigung und allen Verstehens ist das Einverständnis in der Sache. So hat die Hermeneutik von jeher die Aufgabe, ausbleibendes oder gestörtes Einverständnis herzustellen« (GADAMER 1965, S. 276).

»Die Hermeneutik befaßt sich mit Interpretation als einer Ausnahmeleistung, die erst dann erforderlich wird, wenn relevante Ausschnitte der Lebenswelt problematisch werden, wenn Gewißheiten des kulturell eingespielten Hintergrundes zerbrechen und die normalen Mittel der Verständigung versagen« (HABERMAS 1981, S. 188).

»Die Hermeneutik, als die Lehre vom Verstehen all jener ›Zeichensysteme‹, mit denen sich die Menschen international verständlich zu machen suchen...« (FABER 1982, S. 113).

»Hermeneutik ist somit die Deutungslehre, die Verstehenslehre. Vielfach wird sie als Auslegungslehre (auch als Auslegungskunst) angesprochen. ... Von der Objektseite stellt sie sich als Forschen nach der bewußtseinsmäßig ausgeformten Sinnhaltigkeit der einer allgemeinen Zeichenlehre (Semiotik) unterliegenden Phänomene dar... Letzten Endes dient ein hermeneutisches

Herangehen an konkrete Aufgaben einer ›Zurückübersetzung‹ der realen Objektivität der sinnlichen Welt in den Sinngehalt, dem ihre Darstellungsfunktion dienstbar gemacht worden war« (KLAUS u. BUHR 1971, S. 473).

Daraus ließe sich folgende zusammenfassende Kurzdefinition entnehmen:
Hermeneutik ist die Kunst und Lehre der Auslegung, der Deutung und des Verstehens.

Die Hermeneutik wird hier nicht als eigenständiger Erkenntnisweg dargestellt, sondern als hermeneutische Komponente bezeichnet, weil sie – oft sehr unbewußt – auf allen bisher beschriebenen Erkenntniswegen genutzt wird und ihrerseits wegen der für sie typischen Geltungsprobleme auf die Verbindung mit den anderen Erkenntniswegen auch angewiesen ist.

Auf dem *mystisch-magischen Erkenntnisweg* werden die unterschiedlichsten Erscheinungen gedeutet.

Die drei Weisen aus dem Morgenland deuten Gottes Absichten aus Sternen und Träumen; CASTANEDAS Schamane Don Juan deutet das Krächzen der Krähen; die Zigeuner deuten die Symbole der Tarot-Karten; die Spiritisten deuten die Bewegungen von Gläsern und Tischen.

Auf dem *deduktiv-dogmatischen Erkenntnisweg* wird der z.T. verborgene Sinn der Dogmen gedeutet.

Beispielsweise der Sinn biblischer Gleichnisse, der Geist eines Gesetzes, die Prophetie des Historischen Materialismus. Dem gegenüber steht die logische Ableitung: Luther konnte z.B. aus der Glaubensgerechtigkeit der Paulus-Briefe logisch ableiten, daß der Ablaßhandel der katholischen Kirche gegen das Neue Testament verstößt.

Auf dem *induktiv-empiristischen Erkenntnisweg* werden Beobachtungen, Messungen und Statistiken deutend kategorisiert und zusammenfassend interpretiert.

Zum Beispiel folgende alternative, sozialwissenschaftliche Charakterisierungen der BRD: Sie sei ein demokratischer oder ein bürokratischer oder ein technokratischer oder ein bürgerlich-kapitalistischer oder ein staats-monopol-kapitalistischer oder ein pluralistischer oder ein oligarchistischer Staat.

Auf dem *deduktiv-theoriekritischen Erkenntnisweg* liegt die Deutung in der einer Deduktion der Prüfhypothese vorausgehenden Begriffsanalyse und in der Rückübersetzung des Probandenverhaltens in die Sprache der geprüften Theorie.

Was ist beispielsweise eine Frustration im Sinne der Frustrations-Aggressions-Theorie von DOLLARD und MILLER? Ist das Verhalten eines bestimmten Probanden eine Aggression im Sinne jener Theorie? POPPER schreibt selbst, »daß Beobachtungen und erst recht Sätze über Beobachtungen und Versuchsergebnisse immer Interpretationen der beobachteten Tatsachen sind und daß sie Interpretationen im Lichte von Theorien sind.« (1971, S. 72)

Auf dem *dialektisch-materialistischen Erkenntnisweg* hat die hermeneutische Komponente zentrale Bedeutung, denn die historischen Prozesse werden aus verdeckten inneren Widersprüchen gedeutet. Empirische Erhebungen spielen nur eine vorbereitende, experimentelle Überprüfungen keine obligatorische Rolle.

Beispiel: »Die Geschichte ist eine Geschichte von Klassenkämpfen.«

In der *Aktionsforschung* steht die hermeneutische Interpretation ebenfalls im Mittelpunkt der Erkenntnis: Im Diskurs werden kollektiv unternommene Aktionen und die Reaktionen des Umfeldes gemeinsam gedeutet.

Zum Beispiel die Einschätzung einer Projektgruppe: »Wir haben eine Alibifunktion für die staatlichen Sozialbehörden.«

Die Hermeneutik spielt nicht nur auf allen Erkenntniswegen, sondern auch in fast allen Wissenschaftsdisziplinen, insbesondern auch im weiten Feld der Geisteswissenschaften, eine erhebliche, oft unerkannte Rolle:

In der *Theologie* (z. B. bei der Exegese eines Gleichnisses aus dem Neuen Testament),
in der *Geschichtswissenschaft* (z. B. bei der Deutung lückenhafter mittelalterlicher Quellen),
in der *Sprachwissenschaft* (z. B. bei der sinngemäßen Übersetzung altchinesischer Texte),
in der *Jurisprudenz* (z. B. bei einer dem Geist der Verfassung entsprechenden Auslegung des Rechtes auf Meinungsfreiheit),
in der *Kriminalistik* (z. B. beim Lesen von Spuren),
in der *Medizin* (z. B. bei der diagnostischen Erfassung des Allgemeinzustandes),
in den *Sozialwissenschaften* (z. B. bei der Einschätzung faschistischer Gesellschaftstendenzen),
in der *Psychologie* (z. B. beim Verstehen psychopathologischer Prozesse),
in der *Pädagogik* (z. B. bei der Erfassung von Entwicklungsmöglichkeiten eines Schülers),
in der *Sozialpädagogik* (z. B. bei der Interpretation von Gruppenkonflikten),
in den *Kunstwissenschaften* (z. B. bei der Stilanalyse eines Gemäldes),
und sogar in den *Naturwissenschaften* bei der Interpretation von Beobachtungen und Messungen.

An den Beispielen wird schon deutlich, wie unterschiedlich die Fragestellungen sind. Dementsprechend sind auch die hermeneutischen Herangehensweisen sehr verschieden. Von der systematischen Formulierung einer übergreifenden Methodologie ist die Hermeneutik noch sehr weit entfernt. Gerade darauf sind aber die interdisziplinär arbeitenden Angehörigen der sozialen Berufe angewiesen.

Ein soziologisches *Beispiel hermeneutischer Arbeit* sind PLESSNERS 1956 veröffentlichte »Untersuchungen zur Lage der deutschen Hochschullehrer«. Ich habe daraus einen Abschnitt ausgewählt, weil der hermeneutisch orientierte Wissenschaftstheoretiker SEIFFERT ihn als besonders gelungenes Beispiel für eine hermeneutische Analyse herausstellt (SEIFFERT 1983, Bd. 2, S. 45):

»Wo Irrationalitäten mitentscheiden, kann auch Irrationales und damit das Neue, noch nicht Dagewesene schöpferisch durchbrechen... Wer jedoch sich außerhalb der Prinzipien der ›Forschung‹, die eben zugleich Spielregeln des akademischen Konkurrenzkampfes bedeuten, zu stellen berechtigt glaubt, wer die Fachgrenzen nicht achtet, wer ab ovo etwas in die Welt setzt, ohne sich um Vorgänger oder Mitstrebende zu kümmern (nicht zitiert, keinen Wert auf ›Methode‹ legt u. dgl.), wird bald den Ruf eines Querkopfes, Outsiders, Sonderlings bekommen und, mag auch die Wissenschaft im übermenschlichen Sinn von ihm Nutzen haben, umgekehrt aus der Wissenschaft keinen Nutzen ziehen. Akademiker zu sein, setzt noch andere Gaben voraus als schöpferische Intuition. Es erfordert Disziplin, Anpassungsfähigkeit und Sinn für die Grenzen des eigenen Tuns. Nur wer imstande ist, das Neue aus dem Alten entwickelnd darzustellen, paßt in den Rahmen der Forschung. Die eigenartige Ungewißheit der Laufbahn zwingt den einzelnen, sich hervorzutun und mit irgendeiner Leistung aufzufallen, zugleich aber zwingt sie ihn, der damit gegebenen Gefahr der Isolierung durch Eingliederung in Methoden, Problemstellungen bzw. Anlehnung an Menschen, Kreise und ihre Forderungen zu begegnen. So erfüllt sich das Gesetz der modernen Wissenschaftsdisziplin: ein Maximum an Originalität bei einem Maximum an Kontinuität mit dem Vergangenen der älteren Leistung in der Einheit der Methodik.«

SEIFFERT nimmt dazu folgendermaßen Stellung:

(Zum besseren Verständnis muß ich vorausschicken, daß für SEIFFERT die phänomenologische Betrachtung eine spezielle, auf gegenwärtige, lebensweltliche Gegebenheiten gerichtete hermeneutische Methode ist – vgl. SEIFFERT a.a.O. S. 43 f.)
»Phänomenologische Aussagen beruhen stets auf der persönlichen Lebenserfahrung des Autors in dem Bereich, über den er jeweils spricht. Die Instanz für die intersubjektive Überprüfung phänomenologischer Aussagen ist daher nicht ein empiristisches Verfahren, das nach den Regeln der induktiven

Methode Erhebungen anstellt und statistisch auswertet, sondern ganz einfach die Zustimmung des selber erfahrenen und sachkundigen Lesers in einem ›Ja, so ist es auch‹-Eindruck. Ein solcher sachkundiger Leser ›überprüft‹ die Schlüssigkeit des Gesagten also einfach ›hermeneutisch‹ an seiner eigenen Lebenserfahrung; er befragt den Text daraufhin, ob er diese Erfahrung angemessen wiedergibt und interpretiert. Erst dann, wenn jemand mit guten Gründen sagen könnte: ›PLESSNERS Erörterungen sind eine unerhörte Verleumdung der deutschen Wissenschaft‹ und PLESSNERS Darstellung mit einer ebenso tiefdringenden und eben deshalb glaubwürdigen Gegendarstellung widerlegen würde – erst dann könnte man sagen, PLESSNER habe Unrecht. In der Praxis wird eine solche Widerlegung schwer möglich sein. Denn es ist ja gerade die Differenziertheit und ›Feinheit‹ der Aussage, die PLESSNERS Analyse so schwer angreifbar macht. Ein potentieller Gegner dieser Ergebnisse müßte es PLESSNER im ›Niveau‹ seiner Argumentation zumindest gleichtun, und das dürfte nicht einfach sein.« (S. 48)

Ich habe die damalige Hochschulsituation aus der Perspektive des Studenten erlebt. Bei mir hat PLESSNERS Darstellung keinen ›Ja, so ist es-Eindruck‹ hinterlassen. Mich beeindruckte seinerzeit kein »Maximum an Originalität bei einem Maximum an Kontinuität«, sondern eher ein Minimum an Qualität bei einem Maximum von Dogmatismus. Viele andere Studenten dachten ähnlich: ›Unter den Talaren Muff von tausend Jahren‹. Wer hatte nun recht? PLESSNER und SEIFFERT oder die Studenten?
Wie läßt sich die Glaubwürdigkeit konkurrierender hermeneutischer Aussagen beurteilen?

Die ›Zustimmung des selber erfahrenen und sachkundigen Lesers‹ als Validitätskriterium ist offensichtlich nicht akzeptabel und stellt die Glaubwürdigkeit der Hermeneutik insgesamt in Frage. Wir wissen doch aus der Geschichte der Wissenschaft, wie die ›Erfahrenen und Sachkundigen‹ mit innovativen Sichtweisen und Erkenntnissen häufig umgegangen sind.

Wegen der nach wie vor ungelösten Validitätsprobleme stellt sich die Frage, ob die Hermeneutik als unwissenschaftlich abgelehnt werden bzw. sich damit bescheiden sollte, der Wissenschaft Hypothesen zur Überprüfung vorzulegen. Diese Rollenzuweisung wird von der z.Z. herrschenden analytischen Wissenschaftstheorie eindeutig bejaht (vgl. z.B. STEGMÜLLER 1969, S. 360ff.) und von den Hermeneutikern eindeutig abgelehnt (vgl. z.B. SEIFFERT 1983, S. 132ff.).

II. Analytisch-naturwissenschaftliche Kritik an der hermeneutischen Dualismus-These

Bei der ziemlich heftigen Kontroverse zwischen Hermeneutikern und analytisch-naturwissenschaftlich orientierten Wissenschaftstheoretikern (also Wissenschaftstheoretikern, die sich einerseits am mathematischen Ideal der logischen Analyse und andererseits am naturwissenschaftlichen Ideal der kontrollierbaren Empirie orientieren) geht es vor allen Dingen um die ›Dualismus-These‹ der Hermeneutiker, d.h. um die Behauptung, daß die Aufgaben der Geisteswissenschaften sich prinzipiell von denen der Naturwissenschaften unterscheiden.

Die ›Dualismus-These‹ stützt sich auf folgende Argumente, die hier aus Gründen der Übersichtlichkeit aufgeführt werden, aber – wie sich dabei zeigen wird – eng miteinander verwoben sind.

Erstes Argument

»Die Natur erklären wir, das Seelenleben verstehen wir!« – dieses berühmte programmatische Diktum stammt von Wilhelm DILTHEY, dem Begründer der ›Verstehenden Psychologie‹. Zu seinen Nachfolgern zählen Hermann NOHL und Eduard SPRANGER, die die deutsche Sozialpädagogik nach dem Ersten Weltkrieg maßgeblich prägten und über ihre Schüler noch heute beeinflussen.
In der Umgangssprache stehen die Begriffe ›Erklären‹ und ›Verstehen‹ nicht im Gegensatz, sondern in enger wechselseitiger Beziehung. Im großen DUDEN wird sogar der eine mit dem anderen definiert:

»erklären = deutlich machen; (in allen Einzelheiten) auseinandersetzen; so erläutern, daß der andere die Zusammenhänge versteht«.

In der analytischen Wissenschaftstheorie wird die Operation der Erklärung ziemlich übereinstimmend mit dem sog. H-O-Schema (nach HEMPEL und OPPENHEIM 1948) dargestellt (vgl. LEINFELLNER 1965, S. 150):

a) G1, G2, G3 . . .
b) A1, A2, A3 . . .
c)   E

Die Buchstaben *G* stehen für theoretische, empirisch gut bewährte Gesetzmäßigkeiten. Die Buchstaben *A* stehen für Antezedentien, d. h. Aussagen über bestimmte singuläre Vorkommnisse, insbesondere Beobachtungen, die das konkrete, zu einem bestimmten Zeitpunkt an einem bestimmten Ort eingetretene Vorliegen der in den Gesetzen genannten Ausgangs- bzw. Randbedingungen mitteilen. *E* ist das Explanandum, also das Ereignis, dessen Auftreten aus den theoretischen Gesetzmäßigkeiten und aus dem konkreten Vorliegen der gesetzentsprechenden Antezedentien hergeleitet und damit erklärt wird.

Eine *Erklärung* ist also die Rückführung eines Ereignisses auf empirisch bewährte, theoretische Gesetzesannahmen und das tatsächliche Vorliegen der dort geforderten Ausgangsbedingungen.

Weniger eindeutig und durchsichtig ist die philosophische Definition des Begriffs ›Verstehen‹. Wenn man die sich oft wiederholenden Termini der in der Fachliteratur auffindbaren Begriffsbestimmungen heraushebt, läßt sich folgende zusammenfassende Definition formulieren:
Verstehen ist das Erfassen der Zusammenhänge, des Sinns und des Wesens realer Gegebenheiten.

(Vgl. z. B. SPRANGER 1930; HOFFMEISTER 1955, S. 646; SCHMIDT/ SCHISCHKOFF 1969, S. 641; DORSCH 1970, S. 444; BETTI 1972, S. 12; CLAUSS 1976, S. 566; WRIGHT 1984, S. 39.)

Ein Nachteil dieser Definition liegt darin, daß die definierenden Begriffe nicht eindeutiger und verständlicher sind als der definierte. Wir kommen deshalb nicht umhin, die Begriffe (a) ›Zusammenhänge‹, (b) ›Sinn‹ und (c) ›Wesen‹ näher zu beleuchten.

zu a: ›Zusammenhänge‹

Der Begriff ›Zusammenhänge‹ meint die wechselseitigen Abhängigkeiten der realen Gegebenheiten. Es gibt im naturwissenschaftlichen wie im geisteswissenschaftlichen Forschungsfeld einfachere und kompliziertere Wechselwirkungsgefüge. Komplexitätsunterschiede legitimieren deshalb keinen prinzipiellen methodologischen Dualismus zwischen Natur- und Geisteswissenschaften. Allerdings sind auf psychologischem, sozialwissenschaftlichem und historischem Gebiet die hochkomplizierten Beziehungen offensichtlich häufiger als im physikalischen, chemischen und biologischen Forschungsfeld. Diese vom Arbeitsfeld des Physikers bis zum Arbeitsfeld des Historikers graduell ansteigende Häufigkeit hochkomplexer Bezie-

hungsgefüge erschwert die exakte Forschung auf geisteswissen-
schaftlichem Gebiet, kann aber ebenfalls nicht die von hermeneutischer Seite proklamierte prinzipielle Grenzziehung zwischen Na-
tur- und Geisteswissenschaften rechtfertigen.

zu b: ›Sinn‹

In der Philosophie ist mit Sinn weder das Organ der Reizempfäng-
lichkeit noch das Organ der Erkenntnisfähigkeit gemeint. Trotz
dieser Eingrenzung bleibt der philosophische Begriffsinhalt zwei-
deutig: Einerseits meint der Sinn-Begriff die Zweckdienlichkeit,
andererseits die Bedeutungshaltigkeit.

(Vgl. z.B. Hoffmeister 1955, S. 557; Schmidt/Schischkoff 1968,
S. 562; Klaus/Buhr 1971, S. 982; Schaeffler in Krings 1974, S. 1325;
Clauss 1976, S. 485; Kondakow 1983, S. 443)

Beide Aspekte können sich auf die Geschichte des Wortes berufen:
Die indogermanische Wurzel ›sent‹ bedeutet einerseits ›eine Rich-
tung nehmen‹, ›einen Weg suchen‹ und führt andererseits zu ›sen-
den‹, ›Sendung‹ (vgl. Kluge 1967, S. 703, 705; Duden 1963, S. 637,
645).
Die Frage nach der Richtung und nach dem Weg entspricht der
Frage nach der Zweckdienlichkeit, also dem funktionellen Sinn des
Wortes; die Frage nach der Sendung entspricht der Frage nach dem
Informationsgehalt, also dem Bedeutungssinn.

Hypothesen über Zweckdienlichkeitsbeziehungen sprengen den
Rahmen naturwissenschaftlicher Forschungslogik selbstverständ-
lich überhaupt nicht, sondern sind geradezu typisch für naturwis-
senschaftlich-technische Fragestellungen.

Weniger offensichtlich gilt dasselbe für Hypothesen über den Informationsgehalt bzw. Bedeutungssinn.

Wenn z. B. ein Sprachwissenschaftler oder Historiker deutet: »Diese assyrischen Textfragmente stellen Teile eines Friedensvertrages
dar«, entspricht das logisch genau der Deutung des Paläobiologen:
»Diese Knochenfragmente stellen Teile eines Dinosauriers dar«.
Beide sind Protokoll- bzw. Basissätze im Sinne der analytischen
Wissenschaftstheorie. Beide können bezweifelt werden. Auch die
scheinbar einfachsten Protokoll- bzw. Basissätze sind letzlich unbe-
weisbare Festlegungen auf konventionalistischer Basis.

POPPER schreibt dazu:

»Sogar in einer sogenannten ›phänomenalen Sprache‹, die etwa ›jetzt hier rot‹
zuläßt, würde das Wort ›jetzt‹ eine (rudimentäre) Theorie der Zeit implizie-
ren; das Wort ›hier‹ eine Theorie des Raumes; und das Wort ›rot‹ eine
Theorie der Farben.« (a.a.O. S. 76)

Allerdings gibt es in den Naturwissenschaften, insbesondere in der
Physik und Chemie, sicher mehr relativ unproblematische bzw.
konsensfähige Protokoll- bzw. Basissätze als in den Geisteswissenschaften, insbesondere in den Geschichtswissenschaften.

In der streng wissenschaftlichen Historik gilt der Erstellung kon-
sensfähiger Basissätze der weitaus größte Teil des Forschungsauf-
wandes. Die Formulierung von Kausal- bzw. Gesetzeshypothesen
ist zweitrangig und gilt vielen Historikern sogar als unseriös.

Die moderne Physik hat allerdings ebenfalls ständig zunehmende
Basissatzprobleme, weil ihre Beobachtungen sich immer weniger
direkt auf das zu erforschende Geschehen und immer mehr auf die
Skalen von Meßinstrumenten richten und die Unterstellungen, daß
die Meßinstrumente die angezielten Vorgänge valide indizieren,
ihrerseits häufig auf problematischen Meßtheorien beruhen, die
obendrein oft eng mit eben jenen Theorien verknüpft sind, die mit
Hilfe der Meßergebnisse experimentell überprüft werden sollen.

Ein Beispiel: »Wenn man eine Wellenlängenmessung von Licht durchführen
will, muß man vorher erstens eine Wellentheorie des Lichtes haben, muß
man zweitens mit Hilfe dieser Theorie und einer Theorie des Meßinstrumen-
tes wissen, wie dieses Instrument eine solche Wellenlängenmessung ermög-
licht, und drittens, wie man auf ihm den gesuchten Meßwert ablesen kann.«
(HÜBNER 1979, S. 57)

Die dennoch unbestrittene Tatsache, daß die Häufigkeit konsensfä-
higer Basissätze von der Makrophysik bis zur Sozialgeschichte graduell abnimmt, rechtfertigt den hermeneutischen Dualismus jedoch
ebensowenig wie die damit unmittelbar zusammenhängenden Komplexitätsunterschiede ihrer Forschungsgegenstände.

zu c: ›Wesen‹

Auch hier haben wir es mit einem uneinheitlich definierten, mehr-
deutigen Begriff zu tun.

(Vgl. z. B. HOFFMEISTER 1955, S. 669; DIEMER 1958, S. 242; SCHMIDT/
SCHISCHKOFF S. 658; KLAUS u. BUHR 1971, S. 1157; FLASCH in KRINGS
1974, S. 1687; ESSER et al. 1977, S. 173; KONDAKOW 1983, S. 515)

Die beiden am häufigsten auftauchenden Aspekte des Wesens-Begriffes lassen sich in folgenden Definitionen festhalten: Das Wesen ist (1. Bedeutung) die Gesamtheit der Eigenschaften eines Phänomens, die relativ zeitstabil sind (Invarianz) und die es von anderen Phänomenen unterscheidet (Spezifität);
bzw. (2. Bedeutung) die Gesamtheit der nicht direkt sichtbaren, inneren Wirkfaktoren eines Phänomens, die sein Erscheinungsbild bestimmen und nach außen wirken.

Der Begriff ›Wesen‹ in der ersten Bedeutung entspricht der ›differentia specifica‹ in den Realdefinitionen der klassischen Logik, d.h. dem artbildenden Unterschied. Das Bemühen um Realdefinitionen gibt es in Natur- und Geisteswissenschaften gleichermaßen, kann also einen Methodendualismus nicht begründen.

Wählt man die 2. Bedeutung, steht der Begriff ›Wesen‹ zum Begriff ›Erscheinung‹ wie die Ursache zur Wirkung. Latente, d.h. nicht direkt beobachtbare innere Ursachen werden in der analytischen Wissenschaftstheorie ›intervenierende Variablen‹ genannt. Intervenierende Variablen gibt es im naturwissenschaftlichen wie im geisteswissenschaftlichen Arbeitsfeld; deshalb können auch sie keinen Methodendualismus rechtfertigen.

Eine *zusammenfassende Bewertung* der These ›die Natur erklären wir, das Seelenleben verstehen wir‹ ergibt folgendes:
Zum Teil zielt das ›Verstehen‹ auf die Aufdeckung von Bedingungen und Ursachen und entspricht damit genau der Funktion der naturwissenschaftlichen ›Erklärung‹; darüber hinaus richtet es sich auf das Gewinnen von Realdefinitionen und Basissätzen, was den Rahmen naturwissenschaftlicher Forschungsprinzipien ebenfalls nicht überschreitet.

Damit ist das erste und meistzitierte Argument für den Methodendualismus entkräftet!

Die weiteren Argumente für den Methodendualismus können kürzer diskutiert werden, weil sie leichter durchschaubar und zum Teil mit dem ersten Argument verwandt sind.

Zweites Argument

Die Vertreter des Methodendualismus behaupten, daß die Geisteswissenschaft mit einmaligen (singulären) Ereignissen zu tun habe, während die Naturwissenschaft sich mit wiederholenden bzw. wiederholbaren Ereignissen beschäftige.

Dem ist zu entgegnen, daß es auch in den Geisteswissenschaften sich wiederholende bzw. wiederholbare Ereignisse gibt (z. B. Stileigenschaften in der Literaturwissenschaft, Minderheitsphänomene in der Soziologie, Völkerwanderungsphänomene in der Geschichte) und in den Naturwissenschaften auch einmalige (z. B. Wetterphänomene in der Meteorologie und Vulkanphänomene in der Geologie). Genau besehen, haben wohl alle Phänomene sowohl individuelle wie überindividuelle Eigenschaften.

Drittes Argument

Die Erscheinungen der Natur seien (kausal) von Ursachen determiniert, das Handeln von Menschen, Gruppen und Gesellschaften aber (final) von Absichten, Intentionen und Zielen bestimmt.

Dagegen ist einzuwenden, daß Absichten, Intentionen und Ziele nicht von der Zukunft her das gegenwärtige Verhalten leiten können, sondern als dem Handeln vorgängige Motive in den Rahmen des klassischen Ursachenbegriffs fallen (›causa finalis‹ in der aristotelischen Logik).

Viertes Argument

Im Gegensatz zu den Gegenständen der Naturwissenschaften sei der Mensch in der Lage, neue (unverursachte) Ursachen zu setzen (prima-causa-These). Diese These unterstellt die ›Willensfreiheit‹ des Menschen.

Sie gilt in der Philosophie als unbeweisbar. Es gibt keine Phänomene, zu deren Erklärung die Willensfreiheits-These unentbehrlich ist. Wer sie dennoch vertritt, hat die Beweislast. Ihre Beliebtheit verdankt sie wohl hauptsächlich der Tatsache, daß sie einerseits den Autonomiesehnsüchten des Menschen entgegenkommt und andererseits als strafrechtliche Voraussetzung für Zurechenbarkeit, Schuld und Strafe gebraucht wird.

Fünftes Argument

Während der Naturwissenschaftler dem Menschen wesensfremde Gegenstände erforsche, betrachte in der Geisteswissenschaft der Mensch den Menschen, also sich selbst. Er habe daher im Gegensatz zum Naturwissenschaftler die Möglichkeit und Notwendigkeit, seine Einfühlung für den Erkenntnisprozeß zu nutzen. Es ist aber sehr fraglich, ob der Blick des Menschen auf den Menschen ein Blick von gleich zu gleich ist.

Es ist beispielsweise denkbar, daß ein Mann die Sexualität eines Pavianmännchens besser versteht als die Sexualität seiner eigenen Ehefrau.
In der forensischen Psychologie hat sich ziemlich deutlich gezeigt, daß die auf Einfühlung beruhende, intuitive Prognose der naturwissenschaftlich orientierten statistischen Prognose unterlegen ist (vgl. HARTMANN u. EBERHARD, 1972).

Einfühlung verbürgt keine intersubjektive Glaubwürdigkeit. Als Hypothesengenerator ist sie auch in den Sozial- und Naturwissenschaften produktiv.

Resümierend läßt sich feststellen, daß sämtliche Argumente für den von hermeneutischer Seite proklamierten Methodendualismus als widerlegt oder doch zumindest als dubios gelten können. Zwischen Natur- und Geisteswissenschaften gibt es mehr Gemeinsamkeiten als Unterschiede. Die Unterschiede sind mehr gradueller als qualitativer Art. Der Naturwissenschaftler kommt ohne das deutende Verstehen, der Geisteswissenschaftler ohne das analytische Erklären nicht aus, und beide Formen des Begreifens sind nicht so verschieden, wie es zunächst scheint.

III. Hermeneutische Kritik an den analytisch-naturwissenschaftlichen Forschungsprinzipien

Mit der Zurückweisung des Methodendualismus ist der geisteswissenschaftliche Schutzwall gegen die anspruchsvollen methodologischen Forderungen der analytischen Wissenschaftstheorie beseitigt.

Umgekehrt können auch die Geisteswissenschaftler Anspruch auf eine hermeneutische Reflexion und Reform der analytisch-naturwissenschaftlichen Forschungspraxis erheben. (vgl. z.B. ADORNO et al. 1969; FABER 1982; GADAMER und BÖHM 1978; HABERMAS 1973 u. 1981; HÜBNER 1979).

Der Geschichtstheoretiker FABER gibt den Vorwurf der Inexaktheit an die sogenannten exakten Wissenschaften zurück:

»Diese auf der Struktur menschlichen Verhaltens und auf der Eigenart des Verstehensaktes beruhende Inexaktheit der Historie wird aber nur den beunruhigen, der übersieht, daß auch die Ergebnisse der anderen empirischen Wissenschaften – und zwar der Naturwissenschaften ebenso wie der Sozialwissenschaften – weitgehend hypothetischen Charakter haben.« (a.a.O., S. 144).

HABERMAS besteht darauf, daß die Reflexion der naturwissenschaftlichen Forschungsprinzipien nicht selbst naturwissenschaftlich ablaufen könne und kommt auf hermeneutischem Wege zu dem Ergebnis, daß die naturwissenschaftlich orientierte Forschung ihre Erfolge und Begrenzungen dem ihr zugrundeliegenden ›technischen Erkenntnisinteresse‹ zu verdanken habe (vgl. HABERMAS 1973 u. 1981).

Der Wissenschaftshistoriker HÜBNER zeigt, daß die Naturwissenschaften nicht nur faktisch (wie bereits von FEYERABEND 1976 und von KUHN 1977 dargestellt), sondern auch prinzipiell geschichtsabhängig seien, da sie grundsätzlich nicht umhin könnten, bestimmte Leitprinzipien (wie z.B. Einfachheit, Anschaulichkeit, logische Stringenz, Kausalität, empirische Validität, Falsifizierbarkeit) festzulegen, die ihrerseits nicht wissenschaftslogisch begründbar, sondern wissenschaftshistorisch auf ökonomische, klerikale und politische Interessen oder sonstige geschichtlich bedingte Bewußtseinslagen zurückzuführen seien (vgl. HÜBNER 1979, S. 55 ff.).

Die hier nur angedeutete hermeneutische Kritik am positivistischen Wissenschaftsbetrieb hatte über ihren Einfluß auf die Studentenbewegung der späten 60er Jahre erhebliche Auswirkungen auf die wissenschaftsgeschichtliche und hochschulpolitische Entwicklung in der Bundesrepublik und darüber hinaus. In unserem Zusammenhang interessiert aber mehr die Frage, wie ihre konstruktiven Alternativen aussehen.

IV. Konstruktive Funktion der Hermeneutik

Trotz aller berechtigten Skepsis nehmen auch die meisten Naturwissenschaftler historische Aussagen ernst und treiben im privaten Leben selbst hermeneutische Geschichtsforschung, wenn sie versuchen, die eigene oder fremde Lebensgeschichten zu verstehen. Wir alle deuten die Gegenwart (Diagnose), die Vergangenheit (Retrognose) und blicken in die Zukunft (Prognose).

Hermeneutische Aussagen sind insbesondere dort unerläßlich, wo die naturwissenschaftlich orientierten Anforderungen der analytischen Wissenschaftstheorie nicht erfüllt werden können. Ohne hermeneutische Deutungsarbeit wäre soziale Praxis nicht möglich.

Die geisteswissenschaftlichen Hermeneutiker nehmen die gleichen Aufgaben wahr wie die Naturwissenschaftler, nämlich die Beantwortung der phänomenalen, der kausalen und der aktionalen Fragestellung.
Die phänomenale Fragestellung, die wissen will, wie es ist, wie es war und wie es sein wird, wird mit deskriptiven Sätzen (Protokollsätzen) beantwortet, die im Falle allgemeiner Anerkennung den gleichen Rang und die gleiche Form haben wie die Basissätze in den Naturwissenschaften.
Die kausale Fragestellung führt zu weil-deshalb-Sätzen, die dem Schema der naturwissenschaftlichen Erklärung folgen.
Die aktionale Fragestellung entspricht formal der kausalen, weil sie nach Ursachen für gewünschte zukünftige Ereignisse sucht.

Protokollsätze findet der Hermeneutiker wie der Naturwissenschaftler dadurch, daß er Realitäten bzw. deren Indikatoren wahrnimmt, sie begrifflich einordnet und in Sätzen beschreibt. Finden solche Sätze allgemeine Anerkennung, können wir sie wie in der Naturwissenschaft Basissätze nennen, weil sie dieselbe Form haben wie dort und dieselbe Funktion einnehmen können, nämlich Prüfkriterium zu sein für theoretische Aussagen. Aber auch wenn sie nicht als Prüfkriterium für historische Theoreme benutzt werden, haben sie einen informatorischen Wert, weil sie dem phänomenalen Erkenntnisinteresse dienen.

Ein Beispiel aus der Geschichtswissenschaft:

»Rund 350000 Jahre vergingen von der ersten Nutzung des Feuers, bis der Mensch lernte, Feuer künstlich zu erzeugen.« (JONAS et al. 1969, S. 10)

An der Darstellungsform wird deutlich, daß dieser Satz nicht als Hypothese zur Diskussion vorgeschlagen wird, sondern sich als gesicherte Feststellung versteht. Erst wenn man weitere Bücher zur Vorgeschichte des homo sapiens liest, merkt man, daß dort ganz andere Zeitvorstellungen angegeben werden. Die unangemessene Darstellungsform diskreditiert die zitierte deskriptive Aussage.

Es könnte aber sein, daß wenigstens die mitgeteilten Indizien, die den Autor zu seiner Interpretation führten, als unbestritten, also als Basissätze gelten. Die Glaubwürdigkeit der Interpretation hängt einerseits von den basalen Indizien und andererseits von der deutenden Auswertung selbst ab.

Das Verhältnis des in der Deutung behaupteten Sachverhalts zu den Indizien läßt sich als ein kausales auffassen, in dem der Sachverhalt die hinter den Indizien liegende und diese bewirkende Ursache darstellt.

Eine experimentelle Überprüfung im naturwissenschaftlichen Sinne ist bei historischen Aussagen nicht möglich. Auch ein einfacher konventionalistischer Konsens nach naturwissenschaftlichem Muster (»wir haben es doch alle gesehen oder nachvollzogen, wir wollen es gemeinsam für wahr halten«) ist oft nicht erreichbar.

Häufig riskieren Historiker auch Kausal-Thesen:

»Die zielstrebige Anwendung von Werkzeugen im Prozeß der Auseinandersetzung mit der Natur – oder anders ausgedrückt – die Arbeit war es, die den Menschen aus dem Tierreich heraushob und ihn Mensch werden ließ.« (JONAS et al. a.a.O., S. 10)

Hier wird die Arbeit nicht als Folge, sondern als Ursache der Menschwerdung behauptet. Wieder läßt sich diese These nicht experimentell überprüfen (und wieder wäre es seriöser gewesen, sie in hypothetischer statt in apodiktischer Form abzufassen).

Die Unmöglichkeit experimenteller Kontrolle aktualisiert die Frage nach der Gültigkeit hermeneutischer Aussagen.

V. Gültigkeitsprobleme der Hermeneutik

Wenn einerseits die naturwissenschaftlich orientierte analytische Wissenschaftstheorie in der Lage ist, die hermeneutischen Prinzipien zu relativieren (vgl. II) und andererseits die Hermeneutik die naturwissenschaftlichen (vgl. III), dann haben offensichtlich beide Lager ihr kritisches Potential und ihre wechselseitige Bedeutung nachgewiesen.

Nur eine dogmatische Naturwissenschaft (d.h. eine Naturwissenschaft, die jede Erkenntnisform als unwissenschaftlich denunziert, die ihre Hypothesen nicht induktiv-empiristisch gewinnen bzw. deduktiv-theoriekritisch überprüfen kann) und eine dogmatische Geisteswissenschaft (d.h. einen Geisteswissenschaft, die induktiv-empiristische und deduktiv-theoriekritische Methoden auch dort von sich weist, wo sie möglich sind) geraten in einen ideologischen Gegensatz.

Die Naturwissenschaften haben allerdings weniger Glaubwürdigkeitsprobleme als die Geisteswissenschaften. Das liegt nicht etwa an einer kritiklosen Naivität der Naturwissenschaftler – die Äquivalenzprinzipien der Relativitätstheorie, die Unschärferelationen der Quantenmechanik sowie die Unvollständigkeits- und Unentscheidbarkeitssätze der Mathematik haben für gehörige Verunsicherung in den eigenen Reihen gesorgt –, sondern hat (1.) mit der tendenziell komplizierteren Materie der Geisteswissenschaften und (2.) mit ihrer methodologischen Unreife zu tun. Das erste läßt sich nicht ändern, das zweite durchaus.

Zunächst sollten die Geisteswissenschaften, dort wo es möglich ist, die methodologischen Forderungen der analytischen Wissenschaftstheorie beachten, also insbesondere den induktiv-empiristischen und den deduktiv-theoriekritischen Erkenntnisweg nutzen. Dazu gehören vorrangig die Regeln der Begriffsdefinition, der Logik und der empirischen Forschung.

Dort wo der induktiv-empiristische Erkenntnisweg mit seinen statistischen Erhebungsmethoden an der Einmaligkeit und der deduktiv-theoriekritische Erkenntnisweg mit seinen experimentellen Prüfmethoden an der Unsteuerbarkeit der Ereignisse scheitert, dort also, wo die Hypothesen der Geisteswissenschaft ihren Geltungsanspruch nicht empiristisch untermauern können und die Hermeneu-

tik ihr klassisches Betätigungsfeld findet, sind allerdings andere
Begründungen der Glaubwürdigkeit gefordert.

Leider steckt die methodologische Diskussion der Hermeneutik
immer noch in prinzipiellen Auseinandersetzungen. Die von
SCHLEIERMACHER und DILTHEY herkommende, von BETTI (1967)
und HIRSCH (1972) weiterentwickelte ›romantische Hermeneutik‹
vertraut teilweise geradezu naiv darauf, über das Verstehen zu objektiven Deutungen des vergangenen und gegenwärtigen Geschehens gelangen zu können; auf der anderen Seite hält die von HEGEL
über HEIDEGGER und GADAMER zu HABERMAS führende ›dialektische Hermeneutik‹ den ›romantischen‹ Hermeneutikern die Ge-
schichtsabhängigkeit des Deutenden und seiner Deutungen entgegen.

Diese reagieren mit dem Vorwurf, daß die historischen Relativie-
rungen in einen wissenschaftlich unfruchtbaren Skeptizismus führen müßten. HABERMAS wiederum antwortet mit seinem Vertrauen
auf die »Kraft der Selbstreflexion« und die Validität der »idealen
Sprechsituation« und legt damit die erkenntnistheoretischen
Grundlagen für den Diskurs der Aktionsforschung (HABERMAS,
1973, 1981).

In seinem zweibändigen Hauptwerk »Theorie des kommunikativen
Handelns« (1981) kämpft HABERMAS geradezu leidenschaftlich um
den *rationalen Geltungsanspruch* der Hermeneutik:

»Wenn der Interpret Geltungsfragen gar nicht erst stellen würde, dürfte man
ihn mit Recht fragen, ob er überhaupt interpretiere, d. h. eine Anstrengung
unternehme, die gestörte Kommunikation zwischen dem Autor, diesen
Zeitgenossen und uns wieder in Gang zu bringen... Um eine Äußerung, im
Modellfall eine verständigungsorientierte Sprechhandlung zu verstehen,
muß der Interpret die Bedingungen ihrer Gültigkeit kennen... Wenn aber
der Interpret, um eine Äußerung zu verstehen, die Gründe vergegenwärtigen
muß, mit denen ein Sprecher erforderlichenfalls und unter geeigneten Umständen die Gültigkeit seiner Äußerungen verteidigen würde, wird er selbst
in den Prozeß der Beurteilung von Geltungsansprüchen hereingezogen«
(a.a.O., S. 168 ff.)

Nach HABERMAS kommt der Hermeneutiker also gar nicht um den
Geltungsanspruch herum. Der Zwang zur Verständigung zwingt
zur rationalen Reflexion und Selbstreflexion und steigert somit die
Wahrscheinlichkeit gültiger Aussagen.

»Weil und so weit sich der sozialwissenschaftliche Interpret in der Rolle eines
mindestens virtuellen Teilnehmers grundsätzlich an denselben Geltungsan-

sprüchen orientieren muß, an denen sich auch die unmittelbar Beteiligten orientieren, kann er, von dieser implizit immer schon geteilten immanenten Vernünftigkeit der Rede ausgehend, die von den Beteiligten für ihre Äußerungen beanspruchte Rationalität zugleich ernst nehmen und kritisch überprüfen. Wer, was die Beteiligten bloß voraussetzen, zum Thema macht und eine reflexive Einstellung zum Interpretandum einnimmt, stellt sich nicht außerhalb des untersuchten Kommunikationszusammenhangs, sondern vertieft und radikalisiert diesen auf einem Wege, der prinzipiell allen Beteiligten offensteht. Dieser Weg vom kommunikativen Handeln zum Diskurs ist in natürlichen Kontexten vielfach blockiert, aber in der Struktur des verständigungsorientierten Handelns immer schon angelegt« (a.a.O. S. 188).

Andere Hermeneutiker verzichten von vornherein auf einen rationalen Geltungsanspruch und verstehen *Deutungen als subjektive Angebote,* die der wiederum subjektiven Auswahl des Empfängers offenstehen.

In diesem Sinne schreibt MADISON:

»Warum akzeptieren Wissenschaftler, die einen vorgegebenen Text bearbeiten, tatsächlich eine Interpretation im Gegensatz zu einer anderen? ... Man kann nicht davon ausgehen, daß sie die Interpretation annehmen, weil sie wahr oder im Gegensatz zu einer anderen richtiger ist. ... Sie können ihre Interpretation nicht an der Wahrheit messen und treffen folglich eine Auswahl, eben weil ›Wahrheit‹ etwas ist, was sie allein besitzen können, nachdem bzw. indem sie bereits für eine bestimmte Interpretation optiert haben« (in GADAMER u. BÖHM, 1978, S. 411).

Diese *relativistische Position* mag in vielen Bereichen angemessen sein, nämlich dort, wo der eigentliche Wert einer Deutung nicht in ihrem Wahrheitsanspruch, sondern in ihrer Potenz liegt, dem Deutungsinteresse des Empfängers zu dienen.

Wenn z. B. der BACH-Experte HARNONCOURT den zweiten Satz des ersten Brandenburgischen Konzertes als »impressionistisch« bezeichnet, ist das für mich nicht primär eine Wahrheitsfrage, sondern eine interessante Anregung, jenes Konzert anders zu erleben als bisher.
Wenn – ein anderes Beispiel – der tödliche Konflikt zwischen Kain und Abel als ein Konflikt zwischen der umweltfreundlichen, gottgefälligen Wirtschaftsform der Schäfer und der umweltzerstörerischen, Pflugscharen und Schwerter herstellenden Ackerbaukultur gedeutet wird, kann das neue Sichtweisen auch bei solchen Menschen anregen, die die ganze Geschichte von Kain und Abel für ein reines Märchen halten.

Sollte sich die relativistische aber als allgemeingültige hermeneutische Position durchsetzen, würde das die Bedeutung der Hermeneutik im sozialen Berufsfeld erheblich reduzieren. In der sozialen Praxis erwarten Klienten, Kollegen und Auftraggeber, daß sich der

Einzelne um Objektivität und Gültigkeit seiner Aussagen wenigstens bemüht. Er selbst richtet ebensolche Erwartungen auf die Wissenschaften, die seine Praxis anleiten wollen.

Wenn beispielsweise ein Sozialarbeiter als Jugendgerichtshelfer auf die Frage nach den ›schädlichen Neigungen‹ gem. § 17 JGG antwortet: »Keine schädlichen Neigungen – aber das ist ohne jeden Gültigkeitsanspruch meine ganz persönliche, subjektive Deutung, und ich weiß auch nicht, wie ich dazu gekommen bin«, dann wird seine Stellungnahme bei der Entscheidungsfindung nicht sonderlich ins Gewicht fallen.

Aus diesen Anmerkungen zur methodologischen Diskussion innerhalb der Hermeneutik läßt sich noch einmal das resümieren, was ich eingangs bereits vorausgeschickt hatte: *Eine interdisziplinäre hermeneutische Methodologie, an deren Maßstäben konkurrierende Interpretationen gemessen werden könnten, liegt noch nicht vor.*

VI. Methodologische Anregungen aus verschiedenen Gebieten der angewandten Hermeneutik

In der Hoffnung, Anregungen für die Entwicklung einer den sozialen Berufen gewidmeten hermeneutischen Methodologie zu erhalten, wollen wir einen Blick in einige Fachgebiete werfen, in denen hermeneutische Erkenntnisformen praktiziert werden und die in den sozialen Berufen von Bedeutung sind.

1. Anregungen aus Psychologie und Soziologie

In den Lehrplänen der sozialen Berufe haben Psychologie und Soziologie ein besonderes Gewicht. Diese Disziplinen beziehen ihr wissenschaftliches Selbstbewußtsein weitgehend aus ihrem Bekenntnis zur analytischen Wissenschaftstheorie und aus der intensiven Nutzung der empiristischen Methodologie. Die hermeneutische Soziologie hat sich zwar als Kritikerin dieses teilweise geradezu monomanischen Trends bewährt (vgl. z.B. ADORNO et al. 1969), aber noch keine nach innen und außen überzeugenden Alternativen entwickelt.

Es gibt in der Psychologie und Soziologie einige neuere hermeneutische Ansätze, deren Anliegen mit den Aufgabenstellungen des sozialen Feldes verwandt sind.

a) Der life-event-Ansatz, in dessen Rahmen die psychischen und physischen Auswirkungen spezieller Belastungssituationen (z.B. Personenverlust, Arbeitslosigkeit, Armut, Krieg, Vertreibung) erforscht werden.

LINDEMANN, ein Pionier dieser Forschungsrichtung, untersuchte beispielsweise die Trauerreaktionen der Betroffenen nach der Cocoanut-Grove-Feuersbrunst (1944). An diesem Beispiel wird schon der Zusammenhang zur hermeneutischen Aufgabenstellung deutlich: Welche Reaktionen sollen als Trauerreaktionen gedeutet werden?

Methodologische Übereinkünfte zur Beantwortung solcher Geltungsfragen liegen nicht vor.

(Vgl. CAPLAN, 1964, DOHRENWEND u. DOHRENWEND, 1970, ELDER 1974, KESSLER in WITTLING, 1980, Bd. 1, S. 110 ff.)

b) Die Lebenslauf-(life-span)-Forschung, die, von der soziologischen Rollentheorie herkommend, untersucht, welche Anforderungen in den verschiedenen Lebensphasen auf die Mitglieder einer Gesellschaft gerichtet werden und welche Sozialisationsprobleme dabei auftauchen. Als Begründer wird häufig O. BRIM (1968) zitiert. Einen guten Überblick über die soziologische Lebenslauf-Forschung gibt KOHLI (1978, 1980). Allerdings ist die Lebenslauf-Forschung in der Psychologie schon viel älter (STERN, 1904, BÜHLER, 1933, THOMAE, 1959).

Die Versuche der Soziologen und Psychologen, Lebensgeschichten zu verstehen, stehen prinzipiell vor denselben Schwierigkeiten, die jeder andere Historiker bewältigen muß. Die Lebenslauf-Forscher haben noch keine Lösung der Gültigkeitsproblematik gefunden. Die geschichtswissenschaftlichen Lösungsversuche werden im nächsten Abschnitt behandelt.

c) Die qualitative Sozialforschung, die sich von der quantitativen Sozialforschung des gegenwärtigen Wissenschaftsbetriebes abhebt, allerdings nicht in dem Sinne, daß sie auf quantitative Auswertungsmethoden verzichtet, sondern quantitative Erhebungsmethoden, insbesondere standardisierte Meßtechniken, psychologische Tests und durchstrukturierte Fragebögen vermeidet.

Stattdessen bedient sie sich offener Formen der Beobachtung, des Anhörens, des Gesprächs und der Teilnahme. Damit befreit sie sich von den zwar objektiveren, aber einengenden, standardisierten Erhebungsmethoden. Die weniger gesteuerten Äußerungen der interessierenden Akteure werden dadurch repräsentativer.

Durch die preisgegebene Objektivität entstehen jedoch erhebliche Validitätsprobleme bei der Interpretation der gewonnenen Daten, die nach wie vor als ungelöst gelten (vgl. HOPF u. WEINGARTEN 1979).

d) Die objektive Hermeneutik, die zwischen der objektiven Bedeutung eines Interaktionsgeschehens und den subjektiven Absichten der Interaktionspartner unterscheidet. OEVERMANN, ihr prominentester Vertreter, erläutert das Konzept wie folgt:

»Konkreter Gegenstand der Verfahren der ›objektiven Hermeneutik‹ sind Protokolle von realen, symbolisch vermittelten sozialen Handlungen oder Interaktionen, seien es verschriftete, akustische, visuelle, in verschiedenen Medien kombinierte oder anders archivierbare Fixierungen...
Interaktionstexte konstituieren aufgrund rekonstruierbarer Regeln objektive Bedeutungsstrukturen und diese objektiven Bedeutungsstrukturen stellen die latenten Sinnstrukturen der Interaktion selber dar. Die objektiven Bedeutungsstrukturen von Interaktionstexten, Prototypen objektiver sozialer Strukturen überhaupt, sind Realität (und haben Bestand), analytisch (wenn auch nicht empirisch) unabhängig von der je konkreten intentionalen Repräsentanz der Interaktionsbedeutungen auf seiten der an der Interaktion beteiligten Subjekte. Man kann das auch so ausdrücken, daß ein Text, wenn er einmal produziert ist, eine eigengesetzliche, mit eigenen Verfahren zu rekonstruierende soziale Realität konstituiert, die weder auf die Handlungsdispositionen und psychischen Begleitumstände auf seiten des Sprechers noch auf die innerpsychische Realität der Rezipienten zurückgeführt werden kann....
Mit dem Begriff von den latenten Sinnstrukturen werden objektive Bedeutungsmöglichkeiten als real eingeführt, unabhängig davon, ob sie von den an der Interaktion beteiligten Subjekten intentional realisiert wurden oder nicht. Mit der objektiven Hermeneutik soll dasjenige Interpretationsverfahren bestimmt sein, das zur Aufschlüsselung dieser Realität benötigt wird. Wir nennen es – sicherlich nicht sehr glücklich – vorläufig ›objektive Hermeneutik‹, weil wir damit verdeutlichen wollen, daß es ausschließlich um die sorgfältige, extensive Auslegung der objektiven Bedeutung von Interaktionstexten, des latenten Sinns von Interaktionen geht, und dieses Verfahren des rekonstruierenden Textverstehens mit einem verstehenden Nachvollzug innerpsychischer Prozesse, etwa bei der Interpretation von Befragungsergebnissen oder von durch projektive Tests erzeugten Antworten, nichts zu tun hat.« (OEVERMANN et al. 1979, S. 378ff.)

Zum Problem der Gültigkeit heißt es bei OEVERMANN:

»Maßstab der empirischen Triftigkeit von Kompetenztheorien – als aus solchen Regelexplikationen bestehenden Theorien – ist ja gerade die unabhängige, empirische Operativität der intuitiven Urteilskraft, die wir zugleich als Interpreten in Anspruch nehmen und den handelnden Subjekten selbst unterstellen. Daraus folgt aber auch, daß wir unserer intuitiven Urteilskraft als der auch für die Geltung von Kompetenztheorien zuständigen ›letzten empirischen Instanz‹ stärker trauen sollten als den Explikationen von Kompetenztheorien selbst. ...

Wir wollen auch nicht leugnen, daß die problemlose Inanspruchnahme von intuitiven Urteilen der Angemessenheit in dem Maße problematisch wird, in dem dahinter nicht mehr universale Strukturen des sprachlichen, logischen oder moralischen Bewußtseins stehen, sondern soziohistorisch und lebensweltlich spezifische Normen, Typisierungen und Deutungsmuster ...

Damit ist ausgesprochen, daß die praktischen Verfahren der objektiven Hermeneutik sich nicht prinzipiell erkenntnislogisch von den Verfahren des Alltagswissens unterscheiden, aber im Sinne einer Kunstlehre ihren Gegenstand approximativ zu erschließen versuchen ...

Dies ist nur möglich, wenn man von vornherein bereit ist, sehr viel Zeit auf die Interpretation eines Textausschnittes zu verwenden. Wir benötigten in den Anfängen für den ersten Durchgang der Interpretation einer Seite eines verschrifteten Protokolls, die ca. zwei bis vier Minuten Interaktionsdauer entspricht, innerhalb einer Gruppe von drei bis sieben Mitgliedern in der Regel 10 bis 15 Stunden. Mehrere Durchgänge in Zeitabständen sind nötig, und die ausführliche schriftliche Fixierung der kompletten Interpretation nimmt in der Regel 40 bis 60 Seiten in Anspruch ...« (a.a.O. S. 388 ff.)

Die zitierten Eingeständnisse zeigen schon, daß die Bezeichnung ›objektive Hermeneutik‹ gänzlich verfehlt ist. Ihr Gegenstand mag objektiv genannt werden, das interpretative Verfahren selbst ist jedoch um keinen Deut objektiver als die klassische Hermeneutik, wegen ihrer noch unausgereiften Methodologie ihr sogar unterlegen. Die Bezeichnung ›intuitive Hermeneutik‹ wäre angemessener und würde sie erkennbar in die Tradition stellen, der sie in Wirklichkeit angehört. Ihr zentrales Dogma, daß ein Text mehr und anderes bedeute, als sein Autor intendiert, ist schon immer die Auffassung der Hermeneutiker in Theologie, Philologie und Kunstwissenschaft gewesen.

Auch die für Praktiker befremdliche Forderung nach extensiver Ausdeutung kleinster Textausschnitte, die ja ihrerseits nur winzige Ausschnitte der durch sie repräsentierten Realität darstellen, ist der klassischen Kunstlehre der Textexegese wohlbekannt.

Die Ungelöstheit der Gültigkeitsproblematik ist den Vertretern der sog. objektiven Hermeneutik durchaus bewußt:

Die Frage nach den Geltungskriterien fällt ihrerseits mit der Frage nach der Konstitution der latenten Sinnstrukturen selbst zusammen, die wir bisher nicht behandelt haben. Um sie auch nur einigermaßen zureichend zu untersuchen, müßten wir die Konstruktionsprobleme von Theorien sprachlicher Kompetenz, insbesondere der Sprechakttheorie und einer Theorie der Evolution der Gattung, vor allem unter dem Gesichtspunkt der evolutiven

Entfaltung von gattungsspezifischen Interaktionsstrukturen diskutieren.«
(a.a.O. S. 387)

e) Die Ethnomethodologie, die GARFINKEL aus ethnologischen Erfahrungen heraus entwickelte. Die Ethnomethodologie ist nicht
etwa die Methodenlehre der akademischen Ethnologie, sondern
stellt sich dieser kritisch entgegen. Ihr Anspruch (und deshalb auch
ihre Selbstdarstellung) ist zunächst verwirrend:

»Ich verwende den Begriff Ethnomethodologie, um auf verschiedene Vorge-
hensweisen, Methoden, Ergebnisse, Risiken und Irrwitzigkeiten zu verwei-
sen, mit denen das Studium der rationalen Eigenschaften praktischer Handlungen als kontingente, fortlaufende Hervorbringungen der organisierten,
kunstvollen Praktiken des Alltags festgelegt und durchgeführt werden kann«
(GARFINKEL 1972, S. 309).

»Ethnomethodologische Untersuchungen analysieren Alltagshandeln als die
Methoden der Mitglieder, diese Handlungen als rational-erkennbar-und-
berichtbar-für-alle-möglichen-praktischen-Zwecke, d. h. darstellbar zu machen als Organisationen der gewöhnlichen Alltagshandlungen« (GARFINKEL
1967 S. VII).

»Uns beschäftigt, wie die Gesellschaft zusammengefügt wird, das Wie-es-
gemacht-wird; das Wie-es-zu-machen-ist; die sozialen Strukturen der Alltagshandlungen. Ich möchte sagen, wir machen Untersuchungen darüber,
wie die Menschen als Teilnehmer alltäglicher Arrangements die Merkmale
dieser Arrangements verwenden, um für die Mitglieder die erkennbar organisierten Eigenschaften dieser Arrangements geschehen zu lassen« (HILL u.
CRITTENDEN 1968, S. 12)

Etwas klarer, aber auch etwas verkürzt schreiben WEINGARTEN u.
SACK, der Ethnomethodologie gehe es darum,

»die Methoden aufzudecken, deren sich die Gesellschaftsmitglieder bedie-
nen, um die Vielzahl ihrer Alltagshandlungen durchzuführen.« (1979, S. 10)

Wenn der Ethnologe oder Soziologe die Interaktionen zwischen
fremden Menschen verstehen will, strebt er etwas an, was die Menschen ständig auch erstreben, und wenn er Interpretationen ent-
wirft, tut er wiederum etwas, was jene auch schon immer – und zwar
meist kompetenter – praktizieren.

»Der wesentliche, wenn nicht gar einzige Differenzierungspunkt zwischen
Laiensoziologen und professionellen Soziologen liegt darin, daß letztere
sowohl die Fähigkeit als auch die Verpflichtung haben, über die Strukturierung der soziologischen Phänomene, die sie untersuchen, nachzudenken –
diese Strukturierung könnte das Ergebnis des Untersuchungsprozesses
selbst sein« (FILMER 1972, S. 210).

Die ethnomethodologische Kritik an der traditionellen Soziologie (die vom akademischen Hochsitz herab das Netz sozialwissenschaftlicher Begriffe über die naiven Eingeborenen wirft)

»wird freilich auch für die Ethnomethodologen selber, sobald sie darangehen, sozialwissenschaftliche Theorien zu entwickeln, zum Problem... GARFINKEL behandelt die Geltungsansprüche, auf deren intersubjektive Anerkennung jedes kommunikativ erzielte Einverständnis, und sei die Konsensbildung noch so okkasionell, hinfällig und fragmentarisch, doch beruht, als bloße Phänomene. Er unterscheidet nicht zwischen einem gültigen Konsensus, für den die Teilnehmer erforderlichenfalls Gründe angeben könnten, und einer geltungsfrei, d.h. de facto herbeigeführten, sei es auf Sanktionsdrohung, rhetorischer Überrumpelung, Kalkül, Verzweiflung oder Resignation beruhenden Zustimmung. GARFINKEL behandelt auch Rationalitätsstandards wie alle übrigen Konventionen als Ergebnisse einer zufälligen Interpretationspraxis, die zwar beschrieben, aber nicht systematisch, nämlich anhand der von den Teilnehmern selbst intuitiv angelegten Maßstäbe bewertet werden können.« (HABERMAS, 1981, S. 183 ff.)

Die Ethnomethodologie hat also zwar ein hohes kritisches und selbstkritisches Potential, aber befriedigt keine Geltungsansprüche. Aus ethnomethodologischer Sicht haben Sozialwissenschaftler uns gegenüber gar nicht die Aufgabe, empirisch gültige Theorien zu entwickeln, sondern wie die Schamanen der sogenannten Naturvölker gesellschaftsregulierende, d.h. normative Funktion.

»Sozialwissenschaft wird in dieser Fassung nicht als Unternehmen der (sprachlichen) Abbildung der Welt aufgefaßt, sondern selbst als Instrument der Stabilisierung einer prinzipiell prekären Welt« (ESSER et al. 1977, S. 98).

Die eben aufgeführten neueren Forschungsansätze aus Psychologie und Soziologie haben drei *Gemeinsamkeiten:*
1. Sie grenzen sich betont kritisch von der induktiv-empiristischen und der deduktiv-theoriekritischen Wissenschaftspraxis ab.
2. Sie haben jeweils eigene ›lebensnahe‹, hermeneutisch orientierte Formen der Forschung entwickelt.
3. Geltungsansprüche können sie nicht einlösen, oder diese werden sogar abgelehnt.

2. Anregungen aus der Jurisprudenz

Die rechtswissenschaftlichen Lösungsversuche der hermeneutischen Geltungsprobleme sind für uns aus folgenden Gründen besonders interessant:
1. Der Jurist ist mit hermeneutischen Aufgaben auf vielfältige Weise

befaßt, z. B. bei der Auslegung von Gesetzen, bei der Interpretation von Verträgen und bei der Deutung von Indizien im Strafprozeß.

2. Vor Gericht geht es oft um hohe Rechtsgüter und um weitreichende Entscheidungen über menschliche Schicksale. Der Richter unterliegt also gegenüber den Betroffenen, gegenüber der Öffentlichkeit und gegenüber den höheren gerichtlichen Instanzen einem starken Rechtfertigungsdruck.

3. Die Jurisprudenz spielt in der sozialen Praxis eine besonders wichtige Rolle.

Da die Auslegung von Gesetzen und Verträgen überwiegend Deutungen von Texten sind, wollen wir unsere Aufmerksamkeit dem Strafprozeß widmen, in dem es vorwiegend umd die Untersuchung sozialer Geschehnisse geht. Polizisten, Staatsanwälte, Verteidiger, Zeugen, Sachverständige, Jugendgerichtshelfer und Richter stehen vor der Aufgabe, die mit den Delikten verbundenen Ereignisse zu verstehen.

Die Entscheidung hängt letztlich vom Richter ab. Das Gesetz lädt ihm die Verantwortung für die Wahrheitserforschung auf.

§ 244 (2) StPO: »Das Gericht hat zur Erforschung der Wahrheit die Beweisaufnahme von Amts wegen auf alle Tatsachen und Beweismittel zu erstrecken, die für die Entscheidung von Bedeutung sind.«

Bei der Bewertung der Tatsachen und Beweismittel gibt ihm die Strafprozeßordnung freie Hand.

§ 261 StPO: »Über das Ergebnis der Beweisaufnahme entscheidet das Gericht nach seiner freien, aus dem Inbegriff der Verhandlung geschöpften Überzeugung.«

Allerdings hat die Rechtsprechung der Revisionsgerichte die Freiheit der Beweiswürdigung Schritt für Schritt eingeschränkt. SARSTEDT, ein ehemaliger Richter des Bundesgerichtshofes, kennzeichnet diese Entwicklung:

»Während noch in allen Darstellungen unseres Strafprozeßrechts die freie Beweiswürdigung als eine der großen Grundsätze unseres Verfahrens gefeiert wird, haben sich in aller Stille und Unauffälligkeit eine ganze Reihe von Beweisregeln herausgebildet« (SARSTEDT, 1968, S. 171 ff.)

Das mag angesichts der verfassungsrechtlich geschützten Unabhängigkeit des Richters (Art. 97 I GG) bedenklich sein, unserem Anliegen, hermeneutische Leitlinien zu finden, kommt es entgegen. Deshalb soll aus drei BGH-Entscheidungen zitiert werden, auf die in diesem Zusammenhang immer wieder hingewiesen wird.

»Denn der Tatrichter ist den Gesetzen des Denkens und der Erfahrung unterstellt; wo eine Tatsache auf Grund wissenschaftlicher Erkenntnis feststeht, ist für eine richterliche Feststellung und Überzeugungsbildung naturgemäß kein Raum mehr.« (BGH 1958, S. 211)

»Denn wenn das Gericht jene Tatsachen (die für seine Überzeugungsbildung verwertbaren Beweisanzeichen) im Urteil angibt, so ist auch dieser Teil der Urteilsgründe nach allgemeinen revisionsrechtlichen Verfahrensgrundsätzen daraufhin zu überprüfen, ob die vom Tatrichter – sei es auch in Anlehnung an ein Sachverständigengutachten – gezogenen Schlußfolgerungen denkgesetzlich möglich sind und mit den Erfahrungen des täglichen Lebens sowie den Ergebnissen der Wissenschaft in Einklang stehen. Die verwerteten Beweisanzeichen müssen daher in solchem Falle im Urteil lückenlos zusammengefügt und unter allen für ihre Beurteilung maßgeblichen Gesichtspunkten vom Tatrichter gewürdigt werden, damit ersichtlich ist, ob der Schuldbeweis schlüssig erbracht ist und alle gleich naheliegenden Deutungsmöglichkeiten für und gegen den Angeklagten geprüft worden sind.« (BGH 1959, S. 315 f.)

»Daraus allein, daß der Betroffene der Halter eines privat genutzten Fahrzeugs ist, darf beim Fehlen jedes weiteren Beweisanzeichens nicht gefolgert werden, daß er das Fahrzeug bei einer bestimmten Fahrt tatsächlich selbst geführt hat. An sich ist dieser Schluß zwar weder denkgesetz- noch erfahrungswidrig; er ist also möglich. Der Grundsatz der freien Beweiswürdigung gilt auch für den mittelbaren Beweis. Der Richter ist dabei nicht an Beweisregeln gebunden. Tatsächliche Schlüsse, die er aus Beweisanzeichen zieht, müssen möglich, brauchen aber nicht zwingend zu sein. Damit ist jedoch nicht gesagt, daß sich der Richter dann, wenn eine Tatsache oder ein Tatsachenkomplex mehrere verschiedene Deutungen zuläßt, für eine von ihnen entscheiden darf, ohne die übrigen in seine Überlegungen einzubeziehen und sich mit ihnen auseinanderzusetzen. Er braucht zwar nicht jede theoretisch denkbare, den Umständen nach jedoch fernliegende Möglichkeit der Fallgestaltung zu berücksichtigen. Er erfüllt aber nicht seine Aufgabe, die Beweise nicht nur denkgesetzlich richtig und widerspruchsfrei, sondern auch erschöpfend zu würdigen, wenn er von mehreren naheliegenden tatsächlichen Möglichkeiten nur eine in Betracht zieht und die anderen außer Acht läßt.« (BGH 1975, S. 367)

Bei aller Unabhängigkeit und Freiheit der Beweiswürdigung muß der Richter also folgende *Regeln* einhalten:
1. Ausschöpfung aller Tatsachen
2. Prüfung anderer möglicher Geschehensabläufe
3. Lückenlose Darlegung urteilsbegründender Beweisanzeichen
4. Einhaltung der Denkgesetze
5. Übereinstimmung mit wissenschaftlichen Erkenntissen
6. Übereinstimmung mit allgemeiner Lebenserfahrung

Daß die Beachtung dieser Regeln keine Wahrheit garantieren kann, wird ausdrücklich eingeräumt.

»Denn im Bereich der vom Tatrichter zu würdigenden Tatsachen ist der menschlichen Erkenntnis bei ihrer Unvollkommenheit ein absolut sicheres Wissen über den Tathergang, demgegenüber andere Möglichkeiten seines Ablaufs unter allen Umständen ausscheiden müßten, verschlossen. Es ist also die für die Schuldfrage entscheidende, ihm allein übertragene Aufgabe des Tatrichters, ohne Bindung an gesetzliche Beweisregeln und nur seinem Gewissen verantwortlich zu prüfen, ob er die an sich möglichen Zweifel überwinden und sich von einem bestimmten Sachverhalt überzeugen kann oder nicht.« (BGH 1958, S. 209)

Im selben Urteil wird aber (mit Bezug auf andere Entscheidungen des Reichsgerichts und des Bundesgerichtshofes)

»...ausdrücklich betont, daß es an der nach § 261 StPO erforderlichen Überzeugung fehle, wenn bei dem Tatrichter auch nur der leiseste Zweifel an der Schuld des Angeklagten bestehe.« (a.a.O. S. 210)

Der Richter steht somit zwischen dem Bewußtsein, daß ihm »absolut sicheres Wissen über den Tathergang verschlossen« bleibt und dem ›in-dubio-pro-reo-Gebot‹, das ihm schon beim »leisesten Zweifel« eine Verurteilung des Täters untersagt. Die oberste Rechtsprechung geht davon aus, daß der Richter trotz des Fehlens sicheren Wissens zu einer sicheren Überzeugung gelangen kann.

Die §§ 244 und 261 StPO stellen also sehr hohe Anforderungen an die Fähigkeiten des Richters, die vielfältigen Realitäten zu erfassen, zu speichern, in Beziehung zu setzen und daraus wirklichkeitsentsprechende Schlußfolgerungen zu ziehen.

Die Ansprüche an den Richter und die daraus resultierenden Probleme analysiert W. KÄSSER unter Berücksichtigung psychologischer und erkenntnistheoretischer Einsichten (1974). Er hebt folgende empirisch nachgewiesenen *Beschränkungen menschlicher Rationalität* heraus:

– Die Informations-Verarbeitungs-Kapazität ist größeren Informationsmengen, wie sie häufig in Strafprozessen anfallen, nicht gewachsen;
– die Denktätigkeit weicht bei größeren Belastungen auf irrationale Verarbeitungsformen aus;
– zuletzt gespeicherte Informationen wirken sich stärker aus als zuvor aufgenommene;
– das menschliche Gehirn vergleicht nicht alle möglichen Geschehensalternativen miteinander, sondern reduziert sie vorher auf einige wenige;
– wenn beim Durchgehen der Alternativen eine als befriedigend erlebt wird, werden die nachfolgenden nicht mehr bzw. nicht mehr sorgfältig geprüft;
– um den Denkprozeß zu vereinfachen, werden bestimmte Fakten ignoriert;
– bei längerer Denkarbeit senkt sich allmählich das Anspruchsniveau bezüglich der Lösungsqualität;

- Denkprozesse sind stark abhängig von der Persönlichkeitsstruktur und den Vorerfahrungen des Denkenden sowie von den situativen Bedingungen.

Die Liste der Abweichungen des menschlichen Denkens von der Rationalität könnte noch sehr viel weiter fortgesetzt werden.

(Vgl. ALEXIS u. WILSON, 1967; DUNCKER, 1963; FOPPA, 1969; GRAUMANN, 1965; HOFSTÄTTER, 1965; KIRSCH, 1971; LEAVITT u. PONDY, 1964; WITTE, 1968).

Die menschliche Intelligenz scheint mehr am Ideal der Ökonomie als am Ideal der Rationalität orientiert zu sein. Die Grenzen des eigenen Denkens kann jeder beim Schachspiel an der Unmöglichkeit erfahren, sämtliche Zug-Alternativen miteinander auf Effizienz zu vergleichen. Die Realitäten des psychosozialen Geschehens sind noch wesentlich komplexer und unüberschaubarer als die Gegebenheiten des Schachspiels.

Die bemerkenswerten Beschränkungen menschlichen Denkens haben mit den Bedingungen seiner phylogenetischen Entwicklung zu tun. Die menschliche Denktätigkeit wurde wahrscheinlich mehr durch die relativ überschaubaren Bedingungen der natürlichen Umwelt geformt als durch die sozialen Herausforderungen, auf die noch heute vorzugsweise mit tradierten, sozial normierten Verhaltensmustern oder mit persönlichen Vorurteilen statt mit Denken reagiert wird. Außerdem waren die sozialen Herausforderungen in den vorangegangenen langen Zeiträumen der menschlichen Entwicklungsgeschichte wahrscheinlich längst nicht so kompliziert und instabil wie heute.

Es ist festzuhalten, daß ein naives Vertrauen auf die analytische Intelligenz des Menschen im allgemeinen und des Richters im besonderen gänzlich fehl am Platze ist. Deshalb sind besondere Vorkehrungen und Bemühungen notwendig, wenn trotz der genannten Unzulänglichkeiten das Ideal der fehlerfreien Informationsverarbeitung wenigstens annähernd erreicht werden soll.

KÄSSER stellt aus der Rechtsprechung, aus der einschlägigen Fachliteratur und aus eigenen Erwägungen folgende Empfehlungen bzw. Erwartungen an das Verhalten und die Persönlichkeit des Richters zusammen:

Der Richter möge

- sich aktiv um eine möglichst breite Informationsbasis bemühen;
- die Wissenschaften sowie die Erfahrungen anderer Menschen nutzen und ganz allgemein den eigenen Erfahrungshorizont ständig erweitern;
- seine Erwägungen schon während der Verhandlung für die anderen Prozeßbeteiligten transparent machen;
- deutlich werden lassen, von welchen Erfahrungssätzen und Theorien er bei der Beweiswürdigung ausgeht;
- Hinweisen, die gegen seine Rekonstruktion des Sachverhalts sprechen, betonte Aufmerksamkeit widmen;
- sich um gegenläufige Sichtweisen bemühen;
- die Dialektik der Argumentation zwischen den Prozeßbeteiligten fördern;
- die äußere Dialektik durch eine innere Dialektik ergänzen, d. h. den inneren Widerstreit der Meinungen anstreben;
- um die eigene Vorgeprägtheit wissen und die Art der eigenen Vorurteile so weit wie möglich herausfinden;
- wertende Einstellungen gegenüber den Prozeßbeteiligten vermeiden;
- und vor allen Dingen ›Wahrhaftigkeit‹, d. h. eine charakterliche Grundhaltung anstreben, die sich der Wahrheit ethisch und emotional verpflichtet fühlt, im Gegensatz zu einer relativistischen oder gar nihilistischen Grundposition.

Hinter diesen Empfehlungen und Erwartungen steht die Überzeugung, daß die Glaubwürdigkeit eines Urteils nicht nur von dessen Beschaffenheit und Begründung abhänge, sondern auch von der Art und Weise der Persönlichkeit und dem kommunikativen Verhalten des entscheidenden Richters.

Die Anregungen der Rechtswissenschaft und die oben aufgeführten Regeln der Rechtsprechung könnten auch die Glaubwürdigkeit sozialberuflicher Stellungnahmen erhöhen.

3. Anregungen aus der Geschichtswissenschaft

Auch wenn Geschichtswissenschaft als eigenständige Disziplin in den Ausbildungsplänen der sozialen Berufe nicht vorgesehen ist, so sind Sozialarbeiter und Sozialpädagogen doch in vielerlei Hinsicht mit historischem Denken konfrontiert: Die Kenntnis der Gesellschaftsgeschichte, der Sozialgeschichte, der Geschichte der privaten und öffentlichen Fürsorge sind wichtige Voraussetzungen für das professionelle Selbstverständnis der sozialen Berufe, und die praktische Arbeit beginnt häufig mit dem Studium der Lebensgeschichte eines Menschen.

Für unsere Fragestellung ist wichtig, wie die Historiker zu ihren Erkenntnissen gelangen und wie sie deren Glaubwürdigkeit begründen.

Der Begriff ›Geschichte‹ meint vergangenes Geschehen und zugleich die Erzählung vergangenen Geschehens. Diese beiden Aspekte sind eng miteinander verwoben, denn die Geschichten aus vergangenen Zeiten sind sowohl erzähltes Geschehen als auch geschehenes Erzählen, und die heute geschriebene Geschichte ist Forschungsgegenstand künftiger Geschichtswissenschaft.

»Geschichte vereinigt in unserer Sprache die objektive sowohl als die subjektive Seite und bedeutet ebensowohl die historiam rerum gestarum als die res gestas, die Geschichtserzählung und das Geschehene, die Taten und Begebenheiten selbst. Die Vereinigung dieser beiden Bedeutungen müssen wir für höherer Art als für eine äußerliche Zufälligkeit ansehen, und es ist dafür zu halten, daß Geschichtserzählung mit eigentlich geschichtlichen Taten und Begebenheiten gleichzeitig erscheine; es ist eine innerliche gemeinsame Grundlage, welche sie zusammen hervortreibt« (HEGEL, zitiert nach HOFFMEISTER, 1955, S. 261).

Die beträchtlichen methodologischen Schwierigkeiten der Geschichtswissenschaft werden von den Historikern ganz unterschiedlich angegangen und führten zu diskrepanten, noch heute heftig umstrittenen wissenschaftstheoretischen Grundpositionen.

Es lassen sich mindestens vier Grundpositionen unterscheiden:

– Aristotelismus: die Historie ist weder theoriefähig noch wissenschaftlich
– Aufklärung: die Historie ist sowohl theoriefähig als auch wissenschaftlich
– Idealismus: die Historie ist theoriefähig, jedoch nicht erfahrungswissenschaftlich
– Historismus: die Historie ist nicht theoriefähig, jedoch wissenschaftlich
(vgl. MERAN, 1985, S. 42 ff.).

Der meistzitierte Klassiker ist nach wie vor Johannes Gustav DROYSEN. Seine Systematisierung der Geschichtsforschung und Geschichtsschreibung gilt noch heute.

»Nach DROYSEN arbeitet die historische Methode im Viertakt. Sie hebt an mit (a) der ›Heuristik‹, ›der Kunst des Suchens der nötigen Materialien‹ für die historische Arbeit. ›Sie ist die Bergmannskunst, zu finden und ans Licht zu holen.‹ Ihr folgt sodann (b) die ›Kritik‹, die zuerst nach der ›Echtheit‹ dieses Materials frägt, dann nach den Veränderungen, denen es in der Überlieferung möglicherweise unterlag (›diakritisches Verfahren‹); weiter nach seiner ›Richtigkeit‹, d.h. ob es wirklich für das steht, wofür es ein Beleg sein soll (eigentliche ›Quellenkritik‹); schließlich nach der Vollständigkeit des verifizierten Materials. Hierauf setzt (c) die ›**Interpretation**‹ ein. Als ›pragmatische‹ rekonstruiert sie die durch die Quellenkritik gesicherten Ereignis- und Handlungszusammenhänge in ihren kausalen Abläufen. Als ›Interpretation der Bedingungen‹ erkundet sie die räumlichen, zeitlichen und materiellen Umstände, unter denen sich das vergangene Geschehen vollzog. Als ›psychologische‹ Interpretation aber ergründet sie die Motive und Zwecke der geschichtlichen Akteure. ›In die Lücke (jedoch), welche die psychologische Interpretation läßt, tritt zuletzt die ›Interpretation der Ideen‹, d.s. die geistigen Schöpfungen der Menschen.

Dem (a) Auffinden des historischen Materials, (b) seiner kritischen Aufbereitung und (c) seiner interpretatorischen Auswertung folgt schließlich, die Arbeit des Historikers vollendend, (d) die ›*Darstellung*‹ des geschichtswissenschaftlich Entdeckten. DROYSEN unterscheidet vier Arten der Darstellung: (1) die ›untersuchende‹ Darstellung, die so ›verfährt, als sei das in der Untersuchung endlich Gefundene noch erst zu finden oder zu suchen‹; (2) die ›erzählende‹ Darstellung – ›sie stellt das Erforschte als einen Sachverlauf in der Mimesis seines Werdens dar‹, (3) die ›didaktische‹ Darstellung – sie ›faßt das Erforschte in den Gedanken der großen geschichtlichen Kontinuität, nach seiner für die Gegenwart lehrhaften Bedeutung‹; (4) die ›diskussive‹ (= erörternde) Darstellung – sie dient der Klarstellung einer gegenwärtigen Lage und bietet eine Entscheidungshilfe. (MERAN, 1985, S. 80 f.)

Nach DROYSEN kann eine historische Quelle entweder unabsichtlich oder absichtlich Zeugnis von historischen Begebenheiten ablegen. Dementsprechend führte BERNHEIM folgende terminologische Gliederung der Quellen ein:

– *Überreste:* alles, was unmittelbar von den Begebenheiten übriggeblieben ist (z.B. Geräte, Kunsterzeugnisse, Skelette, Gesetzestexte, Schriftgut aus geschäftlichen oder privaten Bedürfnissen);
– *Tradition:* alles, was von den Begebenheiten übriggeblieben ist, hindurchgegangen und wiedergegeben durch menschliche Auffassung (z.B. Mythen, Sagen, Lieder, Annalen, Chroniken, Biographien, Memoiren, zeitgenössische Geschichtsdarstellungen). (Vgl. BRANDT, 1983, S. 52 ff.)

Zu (a):
Je tiefer der Historiker in die Geschichte zurückfragt, desto spärlicher werden die *informationshaltigen Materialien* und desto mehr Aufwand muß er entfalten, um sich eine hinreichend breite Quellen-Basis zu schaffen. Beschäftigt er sich dagegen mit der jüngeren Vergangenheit, hat er eher das Problem, sich nicht in der Menge des Quellenmaterials zu verlieren und eine seinem Erkenntnisinteresse angemessene Auswahl zu treffen.

Vor analogen Schwierigkeiten steht der Sozialpraktiker, wenn er eine Lebensgeschichte erfassen will. Gerade die ersten Lebensjahre sind von nachhaltiger Wirksamkeit. Das übliche Elterngespräch oder gar das Interview mit dem Betroffenen genügen den methodologischen Ansprüchen des Historikers keinesfalls, zumal Eltern und Betroffene durchschlagende Gründe haben, die Realtitäten anders zu sehen und darzustellen als sie tatsächlich waren.

Zu (b):
Eine allgemeine Lehre der *Quellen-Kritik* kann es nicht geben, da die Glaubwürdigkeitsüberprüfungen je nach Quelle sehr verschieden sind.

Die Frage, ob ein gefundener Faustkeil wirklich aus der Steinzeit stammt, wird völlig anders angegangen als die Frage, ob ADENAUERS Memoiren ein zuverlässiger Fundort für die Geschichte der Nachkriegszeit sind.

Die soziale Praxis kann sich von der Geschichtswissenschaft zwar auf die große Bedeutung der Quellenkritik hinweisen lassen, aber nicht deren Methoden übernehmen. Zunächst geht es um eine allzeit wache Skepsis gegenüber den herangezogenen Informationsquellen. Häufig wird die Quellenkritik mit der Tätigkeit eines Kriminalisten verglichen. Die Kriminalistik verfügt aber ebenfalls über keine allgemeine, systematisierte Methodologie der Quellen- bzw. Indizien-Kritik.

Zu (c):
Die dritte Stufe des DROYSEN-Schemas, die *Interpretation*, ist ihrerseits mehrstufig.

Angenommen, ein Archäologe hätte in einer freigelegten Siedlung X das Fragment eines Schriftstückes mit unbekannten Schriftzeichen einer gegenwärtig nicht mehr gesprochenen Sprache gefunden. Dann kann es Jahre kosten, bis die Schrift entziffert und ihr Informations- bzw. Bedeutungsgehalt erkannt ist.

Der nächste Schritt wäre der Versuch, aus dem Ergebnis der Bedeutungsanalyse einen Sachverhalt (›historische Tatsache‹) zu folgern und schriftlich niederzulegen. Er könnte lauten:

»In der Siedlung X wurde in der Epoche Y mit Hilfe eines Priesters ein Heiratsvertrag zwischen zwei Bauern-Clans geschlossen mit folgendem Inhalt:...«

Wenn dieser Protokollsatz (der wie jeder Protokollsatz bereits einige theoretische Begriffe – ›Siedlung‹, ›Epoche‹, ›Priester‹, ›Heiratsvertrag‹, ›Bauern-Clan‹ – enthält) von der Fachwelt als akzeptabel anerkannt wird, gewinnt er den Rang eines Basissatzes.

Das Hypothetische und Konventionalistische der historischen Tatsachen, ihre Vordergründigkeit und ihre theorieanregende sowie theorielegitimierende Funktion hat W. v. HUMBOLDT bereits 1821 herausgestellt:

»Das Geschehene aber ist nur zum Theil in der Sinnenwelt sichtbar, das Übrige muß hinzuempfunden, geschlossen, errathen werden. Sie kann nur die einander begleitenden, und aufeinander folgenden Umstände wahrnehmen, nicht den inneren ursächlichen Zusammenhang selbst. Daher sind die Thatsachen der Geschichte in ihren einzelnen verknüpfenden Umständen wenig mehr, als die Resultate der Überlieferung und Forschung, die man übereingekommen ist, für wahr anzunehmen, weil sie, am meisten wahrscheinlich in sich, auch am besten in den Zusammenhang des Ganzen passen. Mit der nackten Absonderung des wirklich Geschehenen ist aber noch kaum das Gerippe der Begebenheit gewonnen. Was man durch sie erhält, ist die nothwendige Grundlage der Geschichte, der Stoff zu derselben, aber nicht die Geschichte selbst,« (zit. n. TRABANT, 1985, S. 28)

Handelt es sich in unserem Archäologie-Beispiel um einen induktiv-empiristisch orientierten Historiker, wird er weitere einschlägige Quellen suchen, um die Regeln herauszufinden, nach denen zu jener Zeit Heiraten arrangiert wurden.

Handelt es sich um einen deduktiv-theoriekritischen Historiker, hatte er also vorgängig eine Hypothese über die Heiratsregeln jener Epoche entworfen, dann dient der aus dem übersetzten Fragment gewonnene Basissatz als Kontrolle.

Nicht die Auffüllung der großen Lücken zwischen den aus den Quellen vermuteten historischen Tatsachen, also nicht die erzählende, vollständige Rekonstruktion des Geschehenen ist die höchste Aufgabe der Geschichtswissenschaft – sie wäre letztlich nur durch spekulatives Hinzudichten fehlender Fakten nach Art historischer Romane zu erfüllen –, sondern das Auffinden der gesellschaftlichen Regeln, die uns die erschlossenen Tatsachen verstehen lassen. Dieses Erkenntnisinteresse gleicht genau der Aufgabe der Naturwissenschaft, die ebenfalls einerseits möglichst viele Beobachtungen protokolliert und andererseits Gesetzmäßigkeiten mutmaßt, die jene Beobachtungen erklären können.

Zur Bedeutung der Regeln und zu ihrem Verhältnis gegenüber den Naturgesetzen schreibt HÜBNER:

»Allenthalben vollzieht sich unser Leben nach Regeln, die sehr oft, was ihre Strenge und Genauigkeit betrifft, den Naturgesetzen nicht nachstehen. Man denke an die Regeln des alltäglichen Umgangs unter Menschen, Regeln der

Höflichkeit, der Gastlichkeit, des Benehmens, Regeln des Straßenverkehrs, des Geschäfts-, Geld- und Warenverkehrs, Regeln des Verhaltens im Beruf und Betrieb und vor allem an die Regeln der Sprache. Ja, selbst da, wo wir spielen, unterwerfen wir uns genauen Regeln, eben den Spiel-Regeln. ... Theorien in den Naturwissenschaften haben unter anderem den Zweck, eine bestimmte Klasse von Naturereignissen zu erklären, sie in einen möglichst umfassenden Zusammenhang von Naturgesetzen einzuordnen und darauf zurückzuführen. In ganz analogem Sinne kann man in den Geschichtswissenschaften von Theorien sprechen. An die Stelle der Naturgesetze treten Regeln für einen bestimmten Bereich (zum Beispiel des römischen Rechtswesens), die so gewählt werden, daß möglichst alle für diesen Bereich zutreffenden Regeln aus ihnen ableitbar sind; auch diese Theorien dienen dazu, eine bestimmte Klasse von Ereignissen, wenn auch historische, zu erklären, sie in einen möglichst umfassenden Zusammenhang von Regeln einzuordnen und darauf zurückzuführen.« (HÜBNER 1979, S. 311 u. 319)

Im ersten Fall (des induktiv-empiristisch orientierten Historikers) müssen sich die zur kritischen Stellungnahme herausgeforderten induktiv-empiristischen Kollegen allerdings auf einen weiten Induktionsbegriff einlassen, denn es fand ja keine statistische Generalisierung gleichartiger Einzelfälle statt.
Im zweiten Fall (des deduktiv-theoriekritisch orientierten Historikers) müssen die angesprochenen deduktiv-theoriekritischen Kollegen einen weiten Begriff der empirischen Kontrolle zubilligen, denn es wurde kein wiederholbares und variierbares Experiment durchgeführt.

Eine solche Elastizität käme auch den Vertretern der analytisch-naturwissenschaftlichen Wissenschaftstheorie selbst zugute, da eine dogmatische Einengung auf die statistische Induktion oder auf die experimentell kontrollierte Deduktion von den Naturwissenschaften ebenfalls nicht eingehalten wird und sich dort wie hier einengend und destruktiv auswirken würde (vgl. LAKATOS, 1970).

Daß es bei aller Komplexität und Veränderlichkeit Regeln gibt, an die sich die Menschen bewußt oder unbewußt halten, und daß es möglich ist, sie herauszufinden, zeigen z.B. die Erkenntnisse der Kunstgeschichte, die dem Kenner gestatten, die Entstehungszeit eines Gemäldes oder einer Komposition ziemlich genau zu schätzen, obgleich geniale Künstler selten besonders konformistisch waren.

Auch der Sozialpraktiker hat gute Chancen, die Regeln und Musterläufigkeiten herauszufinden, die die Geschichte eines Menschen oder einer Familie oder einer Gruppe bestimmen. Sonst wären halbwegs treffsichere Diagnosen und Prognosen nicht möglich.

Zu (d):
Die *Darstellung* der Erkenntnisse ist nicht nur ein redaktionelles Anhängsel historischer Arbeit, sondern ihr konstitutiver Bestandteil.

Wenn sie sorgfältig abgefaßt ist, geht aus ihr hervor, welches das anfängliche Erkenntnisinteresse war, auf welche Weise welche Quellen gewonnen, kritisch geprüft und entschlüsselt wurden, welche Sachverhalte in Protokollsätzen niedergelegt werden konnten und welche früheren gesellschaftlichen Regeln sich herleiten bzw. bestätigen ließen.

Ähnliche Anforderungen lassen sich an lebensgeschichtliche Darstellungen im sozialen Berufsfeld richten. Von den von DROYSEN genannten Darstellungsformen wird hier in der Regel die ›diskussive‹ bzw. ›erörternde‹ zu favorisieren sein.

4. Anregungen aus der Psychoanalyse

Die Psychoanalyse ist eine interessante Verbindung von psychologischer Theorie und historischer Analyse. Deshalb steht sie hier im Anschluß an die geschichtswissenschaftlichen Überlegungen und nicht schon im ersten, psychologisch-soziologischen Abschnitt.

Im sozialen Berufsfeld ist die Psychoanalyse besonders bedeutungsvoll, weil sie von Sigmund FREUD und seinen Nachfolgern aus der praktischen therapeutischen Arbeit entwickelt wurde.

FREUD selbst hatte offenbar wenig Skrupel bezüglich der Validität seiner hermeneutischen Deutungen. Oft waren es unscheinbare Einzelheiten, z.B. eine kleine sprachliche Fehlleistung, die ihn zu weitreichenden psychogenetischen Spekulationen veranlaßten (vgl. z.B. FREUD, 1904). Allerdings wird immer wieder bezeugt, daß sich diese Spekulationen in der Regel als richtig erwiesen. FREUD scheint über geniale intuitive Fähigkeiten verfügt zu haben. Er war der Auffassung,

»daß das Unbewußte des Analytikers, der den Assoziationen eines Patienten zuhört, Eindrücke vom Unbewußten seines Patienten empfangen kann und befähigt ist, das Unbewußte des Patienten wiederherzustellen« (zitiert nach BRENNER, 1979, S. 40).

»Andere Analytiker machen darauf aufmerksam, daß es vorteilhaft sei, wenn der Analytiker seine eigenen Phantasien und affektiven Zustände als Hinweise betrachte, mit deren Hilfe er zu Mutmaßungen über die Determinanten hinter den Assoziationen und Verhaltensweisen des Patienten gelangen könne« (BRENNER, 1979, S. 40).

Die Psychoanalyse geriet von Anfang an – schon wegen ihrer schokkierenden Auffassung zur Sexualität – unter einen massiven Legitimationsdruck. Ihre Wissenschaftlichkeit wird vor allen Dingen von analytisch-naturwissenschaftlicher Seite in Frage gestellt (z. B. SKINNER, 1956, POPPER, 1963, PERREZ, 1972, EYSENCK und WILSON, 1973).

Unter diesem Druck wichen einige in den hermeneutischen Methodendualismus aus:

»Die verbissenen Bemühungen, allen Einwänden zum Trotz Psychoanalyse als Beobachtungswissenschaft zu rechtfertigen, sind um so tragischer, als in Diskussionen, die unbelastet vom positivistisch-einheitswissenschaftlichen Ideal geführt wurden, sich klärte, daß sich die Psychoanalyse nicht nur am falschen Ort um Anerkennung bemüht, sondern in diesem Bemühen zugleich die sie auszeichnenden Vorzüge um ein Linsengericht verhökert« (LORENZER, 1970, S. 37).

»Die Forderung, Psychoanalyse nach dem Modell einer einheitswissenschaftlichen Forschungslogik methodologisch konzipieren zu wollen, geht von vornherein am Kern des psychoanalytischen Anliegens vorbei. Denn im Unterschied zu deduktiv-nomologischen Verfahren geht es in der Psychoanalyse um die Erkundung lebensgeschichtlich-individueller Eigenart, die nicht unter Aussagen über allgemeine menschliche Verhaltensgesetzlichkeiten subsumiert werden kann.« (MERTENS, 1981, S. 28)

Die Unhaltbarkeit der hermeneutischen Dualismus-These haben wir bereits nachgewiesen (vgl. D. II); ihre Anwendung auf die Psychoanalyse ist besonders widersinnig, da FREUD seine Lehre ausdrücklich als Teil der Naturwissenschaften verstand.

Charles BRENNER, einer der prominentesten Vertreter der gegenwärtigen Psychoanalyse, stellt sich deshalb in ganz anderer Weise dem wissenschaftlichen Gültigkeitsanspruch:

»Daraus ergibt sich, daß Psychoanalytiker, wie andere Wissenschaftler auch, die Möglichkeit haben müssen, ihre Mutmaßungen einer Prüfung, einem Test zu unterziehen. Sie müssen über Mittel und Wege verfügen, die es ihnen erlauben zu entscheiden, ob eine Mutmaßung zutreffend ist oder nicht, ob sie einen Patienten richtig eingeschätzt haben oder ob ihre Mutmaßung

revidiert, erweitert oder sogar zugunsten einer anderen Mutmaßung aufgegeben werden muß« (Brenner, a.a.O., S. 43).

Und er räumt ein,

»daß es zum gegenwärtigen Zeitpunkt noch völlig unmöglich ist, eine zufrie-
denstellende allgemeine Antwort auf die Frage zu geben: ›Wie kann ein
Analytiker Einsicht gewinnen in das Wesen und den Ursprung der Konflikte
eines Patienten oder wie kann er darüber zu einigermaßen sicheren Annahmen gelangen?‹« (Brenner a.a.O., S. 39).

Hinweise (nicht Beweise) für tendenziell richtige Deutungen sind
nach Brenner:

– wiederholtes Auftauchen von Indizien, die in die gleiche Richtung weisen;
– Eintreffen von Vorhersagen, die auf die Deutungen zurückgehen;
– hohe Anzahl der erklärten Fakten;
– Bestätigung durch außerhalb der Analyse liegende Informationsquellen;
– Minderung von Angst- und Schuldgefühlen;
– Lockerung von Abwehrhaltungen;
– größere Toleranz gegenüber Triebansprüchen;
– Besserung der Symptome;
– affektive Reaktionen (Tränen, Wut, Lachen);
– emotionale Zustimmung des Patienten (›Aha-Erlebnis‹);
– Auftauchen ergänzender Erinnerungen;
– bestätigende Assoziationen;
– bestätigende Träume.

Den Zusammenhang von richtiger Deutung und den aufgezählten
Reaktionen darf man sich aber nicht im Sinne einer mechanistischen
Kausalität vorstellen. Auch falsche Deutungen können die genannten Effekte nach sich ziehen, und richtige führen zuweilen zu genau
gegenteiligen Folgen, abgesehen davon, daß alle Effekte ja auch ganz
andere Ursachen innerhalb und außerhalb des therapeutischen Geschehens haben können.

Daniel Lagache nennt drei Gültigkeitskriterien:

– Kriterium der Information (Fülle und Verschiedenheit der erklärten
Fakten);
– Kriterium der inneren Schlüssigkeit (Bezug zwischen den Fakten und der
als Ganzes erfaßten Person, ihrer Geschichte und ihren Beziehungen zur
Umwelt);
– Kriterium der Ökonomie (Minimum an Hypothesen bei einem Maximum
an Fakten) (Lagache 1971, S. 118).

Keine hermeneutische Teildisziplin ist so bereit, die verzerrenden
Einflüsse, die aus den individuellen Beschränkungen des deutenden

Wissenschaftlers resultieren, ähnlich offen zu benennen und gründlich zu beachten wie die Psychoanalyse.

>Da Mutmaßungen bewußte Ergebnisse der psychischen Tätigkeit des Analytikers darstellen, müssen sie wie alle anderen bewußten Ergebnisse ein Kompromiß zwischen den verschiedenen Kräften oder Tendenzen sein, die in der Psyche des Analytikers am Werke sind. Sie sind auf der einen Seite determiniert durch äußere Reize, in diesem Fall durch Assoziationen und Verhaltensweisen des Patienten, und auf der anderen Seite durch das Zusammenspiel von Es-, Ich- und Überich-Abkömmlingen und -Bestrebungen beim Analytiker selbst« (BRENNER a.a.O., S. 41).

Viele psychoanalytische Veröffentlichungen gelten der Gegenübertragung des Analytikers auf den Analysanden, und jeder Analytiker durchläuft eine jahrelange Lehranalyse, in der er seine eigenen Verdrängungen und Projektionstendenzen, die Verzerrungen und blinden Flecke seiner >inneren Kamera< kennenlernt und allmählich unter Kontrolle bekommt.

Die Supervision könnte für Sozialarbeiter und Sozialpädagogen Ähnliches leisten. Allerdings müßte sie vergleichbaren Qualitäts- und Quantitätsansprüchen genügen. Vor allen Dingen ist die oft nicht eingehaltene strikte Trennung zwischen Supervision und Dienstbereich unverzichtbar. Der Trend geht zur Zeit gerade in die entgegengesetzte Richtung: Das Gewicht der Supervision in Aus- und Fortbildung hat eher ab- als zugenommen.

5. Zwischenbilanz

Es zeigt sich, daß die Hermeneutiker nicht einmal darüber einig sind, ob sie überhaupt Geltungsansprüche erheben sollen. Um diesen Dissens zu verstehen, lohnt sich eine *Unterscheidung zwischen extrahierender und projizierender Hermeneutik.*

Die extrahierende, d. h. heraus-deutende Hermeneutik, die tatsächliche Gegebenheiten aus Indizien erschließen will, hat ihr Anwendungsfeld z. B. in der Geschichtswissenschaft, in der Medizin und in der Kriminalistik. In den Kunstwissenschaften bis hinein in die Literaturwissenschaft ist die Hermeneutik überwiegend projizierend, d. h. hinein-deutend. Dort kann sie weitgehend auf Geltungsansprüche verzichten. Die Sinnhaftigkeit der Deutung eines Gemäldes, einer Sonate oder eines Gedichts ist für den Deutenden nicht davon abhängig, ob sie empirisch >richtig< oder >gültig< ist, sondern ob sie sein eigenes Fühlen und Denken erweitert. Wird die projizierende Deutung zur wissenschaftlichen Erkenntnissuche eingesetzt, bedarf sie allerdings der empirischen Kontrolle.

Unter dem Blickwinkel des kausaltheoretischen Denkmodells erscheint die extrahierende Deutung als Suche nach den Ursachen der Indizien, die projizierende Deutung als Suche nach deren Wirkung.

Wenn man beispielsweise eine Wolke auf die Ansammlung von kondensierten Wassertröpfchen zurückführt, ist das eine extrahierende Deutung; wenn sie aber im Betrachter die Interpretation »das ist ein gieriger Wolf« auslöst, nennen wir das eine projizierende Deutung.

Fernerhin korrespondieren die Begriffe ›extrahierende‹ und ›projizierende‹ Deutung mit dem Begriffspaar ›Bedeutung‹ und ›Sinn‹.

Die Bedeutung eines bestimmten Verkehrsschildes ist z. B. »Fahrverbot für Kraftfahrzeuge«, demgegenüber ist sein Sinn, einen entsprechenden Interpretationsvorgang im Betrachter auszulösen. Die Bedeutung geht nicht verloren, wenn sich der Sinn nicht erfüllt (vgl. KÖLLER in SPINNER, 1977, S. 49 ff.).

Da in der Fachliteratur zwischen ›Bedeutung‹ und ›Sinn‹ nicht immer differenziert wird und die Differenzierungen dort, wo sie vorgenommen werden, verschieden ausfallen (vgl. KLAUS u. BUHR, 1971, S. 982), könnte man auch zwischen ›objektiver Bedeutung‹ und ›subjektiver Bedeutung‹ bzw. ›objektivem Sinn‹ und ›subjektivem Sinn‹ unterscheiden.

Ein besonderes Miteinander, aber auch Durcheinander von extrahierenden und projizierenden Deutungen finden wir in der Psychoanalyse: Einerseits beansprucht die Traumdeutung primär die extrahierende Erschließung tatsächlicher innerseelischer Gegebenheiten (besonders bei S. FREUD), andererseits soll das Verstehen des Traumes vorrangig der Selbstentfaltung dienen (besonders bei C. G. JUNG). Die Qualität einer solchen projektiven Deutung mißt sich dann nicht an ihrer empirischen Richtigkeit, sondern an ihrer entwicklungsförderlichen Wirkung.

Die Gütekriterien von BRENNER (vgl. VI. 4.) vermischen unreflektiert diese beiden Aspekte, die miteinander korrelieren mögen, aber keinesfalls identisch sind.

Eine Synthese zwischen extrahierender und projizierender Deutung wird auf dem mystisch-magischen Erkenntnisweg angestrebt.

Wenn beispielsweise eine Zigeunerin in die Glaskugel schaut und dort das Schicksal ihres Klienten ›hinein-sieht‹, verbindet sie diese projizierende Deutung mit dem Geltungsanspruch der extrahierenden Deutung.

Solche Geltungsansprüche werden in der gegenwärtigen Wissenschaft nicht anerkannt. Dort bedürfen extrahierende und projizierende Deutungen der Überprüfung.

Überblickt man die beschriebenen Glaubwürdigkeitskriterien aus den verschiedenen Gebieten der angewandten Hermeneutik, lassen sich die meisten unter ›logische Stimmigkeit‹ einerseits und ›empirische Stimmigkeit‹ andererseits subsumieren. Sie entsprechen damit den Anforderungen des induktiv-empiristischen und des deduktiv-theoriekritischen Erkenntnisweges.

Die praktizierenden Hermeneutiker akzeptieren also letztlich die Forderungen der analytischen Wissenschaftstheorie.

Das führt aber zur folgenden ironischen Situation:

»Nun gut«, sagen die Hermeneutiker der Praxis zu den analytischen Wissenschaftstheoretikern, »dann sagt uns, wie wir unsere hermeneutischen Aussagen empirisch überprüfen sollen!«
»Durch Vergleiche mit gültigen Basissätzen«, lautet die Antwort.
»Einverstanden, aber wie kommen wir zu gültigen Basissätzen?«
»Durch gemeinsame Anerkennung möglichst beobachtungsnaher Protokollsätze, die allerdings, genau genommen, auch theoretische Sätze sind.«
»Das trifft sich gut«, antworten die Hermeneutiker, »diese Methode gab es bei uns schon, lange bevor es Euch gab. Wir nennen sie die ›intersubjektive Überprüfung durch die Zustimmung der Sachverständigen‹.«

Die Naturwissenschaftler mögen sich in ihren klassischen Forschungsbereichen mit dem konventionalistischen Kompromiß abfinden, weil die Protokollsätze dort in der Regel relativ unproblematisch und konsensfähig sind; die Geistes- und Sozialwissenschaftler stehen in dieser Hinsicht vor viel schwierigeren Aufgaben (vgl. Kap. V).

Gefordert ist deshalb zunächst eine logische Analyse der Protokollsätze, die sich mit Fragen folgender Art befaßt: »Was sind Protokollsätze?«, »Wie kommen sie zustande?«, »Welche Berechtigung kommt ihnen zu?«, »Welche Art von Schlußfolgerung führt uns von den sichtbaren Zeichen der Phänomene zu den ersten einfachen Aussagen?«

Mit diesen Fragen beschäftigt sich die *Semiotik,* die von vielen als die modernste Form der Hermeneutik angesehen wird.

VII. Die Semiotik als Grundlage für die Hermeneutik der sozialen Berufe

1. Anforderungen an eine Hermeneutik für soziale Berufe

An eine Hermeneutik für soziale Berufe müssen folgende Anforderungen gerichtet werden:
a) Sie muß wie die sozialen Berufe interdisziplinär angelegt sein.
b) Sie muß wie die sozialen Berufe an der Glaubwürdigkeit ihrer Aussagen interessiert sein.
c) Sie muß wie die sozialen Berufe praxisorientiert sein.

zu a) Es wurde bereits festgestellt, daß die herkömmliche Hermeneutik weit davon entfernt ist, interdisziplinär zu sein; es gibt statt dessen für die verschiedenen Disziplinen verschiedene Hermeneutiken.

zu b) Teilweise verzichtet die herkömmliche Hermeneutik auf Geltungsansprüche, teilweise sind ihre Geltungsansprüche unbefriedigend begründet. Das hat damit zu tun, daß die wichtigsten drei hermeneutischen Disziplinen aus verschiedenen Gründen wenig Geltungsprobleme haben:

- Die Theologie geht auf deduktiv-dogmatische Weise von der Gültigkeit der Bibel als dem geoffenbarten Wort Gottes aus; die Deutungen der Heiligen Schrift – jedenfalls die wichtigsten – werden durch die Kirchen mehr oder weniger fest konventionalisiert.
- Die Kunst- und Literaturwissenschaften beanspruchen bei ihren Deutungen von Gemälden, Kompositionen und Dichtungen im allgemeinen nicht empirische Gültigkeit, sondern hoffen auf deren erlebniserweiternde Wirkung.
- Die Juristen deuten Gesetze, die ihre Gültigkeit dem gesetzgeberischen Verfahren verdanken; die Gültigkeit der Auslegungen wird durch die höheren gerichtlichen Instanzen besiegelt. (Das gilt nicht für die Tatsachenerforschung des Strafrichters – vgl. D VI 2.)

Zu c) Die Praxisorientierung der herkömmlichen Hermeneutik ist sehr schwach ausgeprägt; die Hermeneutiker bearbeiten ganz überwiegend phänomenale oder kausale, aber kaum aktionale Fragestellungen. Sogar die Hermeneutik der klassischen Psychoanalyse hat primär bewußtmachende Aufgaben; die Umsetzung der Einsichten in die Praxis ist Sache des Patienten.

2. Allgemeine Bedeutung der Semiotik

Es stellt sich nun die Frage, ob die Semiotik den vorgegebenen Anforderungen besser gerecht wird.

Sie ist jedenfalls von vornherein interdisziplinär angelegt, bezieht ihren Geltungsanspruch aus der betonten Anbindung an die Logik und Mathematik und hat ihren Praxisbezug aus ihrer traditionellen Beziehung zur medizinischen Diagnostik (in Dudens Großem Wörterbuch der Deutschen Sprache wird die ›Semiotik‹ sogar als synonym mit der medizinischen ›Symptomatologie‹ bezeichnet).

Zur Definition der Semiotik

Die Semiotik ist die allgemeine Theorie der sprachlichen und nicht-sprachlichen Zeichen. Das Schwergewicht liegt allerdings auf der Analyse der sprachlichen Zeichen.

»Die Semiotik läßt sich in drei bzw. vier Teildisziplinen untergliedern: in die Pragmatik, die Semantik und die Syntaktik; falls man sie nicht ihrerseits als Bestandteil der Semantik ansieht, kommt noch die Sigmatik hinzu. In der Pragmatik wird jedes Zeichen in einer vierstelligen Relation betrachtet. Diese Relation enthält den Menschen als Erzeuger bzw. Empfänger des Zeichens, das Zeichen selbst, seine Bedeutung und das, worauf dieses Zeichen hinweist. In der Pragmatik wird also die Sprache in der Gesamtheit ihrer gesellschaftlichen, psychologischen und anderen Verflechtungen betrachtet. Abstrahiert man von dem Erzeuger und dem Empfänger der Zeichen und betrachtet nur die Beziehung zwischen Zeichen und Bezeichnetem, so kommt man zur Semantik. Die Beziehung zwischen dem Zeichen und seinem Signat ist der spezielle Gegenstand der Sigmatik. Abstrahiert man von dieser Beziehung sowie auch noch vom Bedeutungsgehalt einer Sprache und betrachtet nur die Zeichen und ihre Verknüpfungen (z. B. die Regeln über die korrekte Aufeinanderfolge von Worten usw.), so kommt man zum syntakti-schen Bereich der allgemeinen Semiotik.« (Klaus u. Buhr, S. 978)

Zum Gegenstandsbereich der Semiotik

Da sich die Semiotik als Metatheorie versteht, kann sie in den verschiedensten Disziplinen Anwendung finden.

»Ein Blick auf eine Reihe von willkürlich ausgewählten Publikationen, die sich explizit auf den Ansatz der Semiotik berufen, erweckt den Eindruck, daß es sich bei der Semiotik um ein sehr heterogenes Feld handelt. Dieses Feld reicht von der Theologie (Grabner-Haider 1973) bis zur Erkenntnis-theorie (Klaus 1963; 1973), von mathematischer Grundlagenforschung (Hermes 1938; 1970) bis zur Semiotik des Films (Knilli 1971, Metz 1972), von der Psychiatrie (SHANDS 1970) zur Kommunikationstheorie (RUESCH 1972), von der Analyse der Architektur (ECO 1972) zur Literaturwissenschaft (TRABANT 1970; WIEHNOLD 1972; COQUET 1973) und schließlich von Analysen der Massenkommunikationsmittel bis zu den Strukturen des Balletts (KOCH 1971 b).« (NÖTH, 1975, S. 4)

Zur Geschichte der Semiotik

Die Semiotik ist einerseits ein sehr modernes Paradigma, hat andererseits aber ihre Wurzeln in der griechischen Antike.

»Die Anfänge der Zeichenlehre reichen bis ins 6. vorchristliche Jahrhundert. Bei den Vorsokratikern, bei den Sophisten und bei Platon gibt es semiotische Untersuchungen… Aristoteles setzte diese Untersuchungen fort und entwickelte im Rahmen seiner Logik und Rhetorik so etwas wie ein erstes System der Semiotik, unter Einschluß des Symbolbegriffes. Das in der Antike am weitesten entwickelte System der Semiotik findet sich bei den Stoikern, denen wir auch die erste Formulierung einer Aussagenlogik verdanken. Auch Epikur und die Epikureer lieferten wichtige Beiträge, desgleichen die im 3. Jahrhundert v. Chr. von Philinos und Serapion gegründete empirische Ärzteschule mit ihrer Symptomenlehre und ihrem Analogieverfahren.« (OEHLER, 1981, S. 17)

Als Begründer der modernen Semiotik gilt der vielseitige amerikanische Philosoph Charles Sanders PEIRCE (1839–1914). Er hinterließ der Nachwelt keine systematische Gesamtdarstellung seiner Theorien, sondern eine tiefe Fundgrube erst teilweise veröffentlichter Schriften, die bislang nur unvollkommen erschlossen ist.
T. A. SEBEOK u. J. UMIKER-SEBEOK, zwei Semiotiker und Peirce-Kenner, stellen die Verbindung zwischen der modernen Semiotik und der medizinischen Theorie heraus:

»Peirce stellt den bislang höchsten Gipfel in dem Gebirge dar, das sich im antiken Griechenland mit der klinischen Semiotik des HIPPOKRATES aufzufalten begann, das sich umfassender und ausdrücklicher mit GALEN entwickelte und seine Fortsetzung durch den Arzt LOCKE fand, dessen semiotiké PEIRCE ›eindeutig bestimmte und gebührend beachtete‹ und die ohne jeden Zweifel ›eine andersartige Logik und Kritik erforderte, als wir sie bislang kannten‹.« (1982, S. 94)

Der prominenteste PEIRCE-Forscher M. H. FISCH beschreibt die vielfältigen Komponenten seiner illustren Persönlichkeit:

»Er war Mathematiker, Astronom, Chemiker, Geodät, Landvermesser, Kartograph, Meteorologe, Spektroskopist, Ingenieur, Erfinder; gleichfalls betätigte er sich als Psychologe, Philologe, Lexikograph, Wissenschaftshistoriker, mathematischer Ökonom, und während seines ganzen Lebens befaßte er sich mit der Medizin; darüber hinaus arbeitete er als Buchrezensent, Dramatiker, Schauspieler, Kurzgeschichtenautor; mit gleichem Recht ist er aber auch als Phänomenologe, Semiotiker, Logiker und Rhetoriker, Metaphysiker und als Detektiv zu bezeichnen… Seine größte Einzelentdeckung bestand darin, daß dasjenige, was er zuerst Hypothese und später Abduktion oder Retroduktion nannte, eine besondere Art des Argumentes darstellt, sich sowohl von der Deduktion als auch von der Induktion unterscheidet und in der Mathematik wie in den Naturwissenschaften unentbehrlich ist.« (in SEBEOK u. UMIKER-SEBEOK, 1982, S. 15 u. 21)

3. Die Logik der Abduktion

Die Abduktion ist die zentrale logische Kategorie der semiotischen Logik. Kurz definiert, ist die Abduktion bzw. Retroduktion das durch eine Beobachtung angeregte Auffinden oder Erfinden eines allgemeinen Begriffes bzw. Satzes, durch den jene Beobachtung eingeordnet bzw. erklärt werden kann.

Daß ›Begriff‹ und ›Satz‹ in diesem Zusammenhang gleichwertig nebeneinanderstehen, läßt sich an einem einfachen Beispiel plausibel machen: Die Begriffsbestimmung »alle Schwäne sind weiß« bedeutet dasselbe wie der Satz »wenn Schwan, dann weiß« (vgl. PEIRCE; 1983, S. 171).

In der traditionellen Logik gibt es den verwandten Begriff der ›regressiven Reduktion‹:

»Bei der regressiven Reduktion gehen wir von bekannten Aussagen aus (bekannt durch Experiment, Praxis usw.) und suchen dazu eine Erklärung, die es dann gestattet, jene Aussagen aus ihr deduktiv abzuleiten.« (KLAUS, 1972, S. 410)

Da das Wort ›Reduktion‹ im allgemeinen Sprachgebrauch und auch in der Philosophie mit verschiedenen anderen Bedeutungen besetzt ist und da es in der traditionellen Logik die Induktion einschließt (vgl. BOCHENSKI, 1980, S. 1010), soll es hier nicht weiter verwendet werden.

PEIRCE benutzte den Begriff ›Abduktion‹ wesentlich häufiger als den Begriff ›Retroduktion‹. Deshalb werde ich mich im folgenden auf den Begriff ›Abduktion‹ beschränken, obgleich ›Retroduktion‹ = ›Zurückführung‹ dem Wesen der gemeinten Schlußform besser entspricht als ›Abduktion‹ = ›Wegführung‹, denn die Abduktion führt beobachtete Indizien auf eine allgemeine Begriffsklasse zurück. Der Abduktions-Begriff geht auf die aristotelische Logik zurück (vgl. PEIRCE 1983, S. 90 ff.).

Da beobachtete Zeichen oft eine große Zahl verschiedener Zuordnungen bzw. Erklärungen erlauben, andererseits die Menschen gegen alle Wahrscheinlichkeitstheorie in der Regel zu angemessenen Einschätzungen tendieren, stellt PEIRCE sich die Frage, wie solche richtigen Annahmen zustande kommen können. T. SEBEOK und J. UMIKER-SEBEOK schreiben dazu (die Zitate innerhalb des Zitats stammen von PEIRCE):

»›Dieser einmalige Rate-Instinkt‹ bzw. die Neigung, eine Hypothese zu vertreten, was Peirce gewöhnlich als Abduktion oder Retroduktion bezeichnete, wird beschrieben als ein ›einzigartiger Salat (...), dessen wichtigste Ingredienzen in seiner Grundlosigkeit, seiner Allgegenwart und seiner Zuverlässigkeit bestehen.‹ Über seine Allgegenwart schreibt Peirce: ›Wenn ich an diesem schönen Frühlingsmorgen zum Fenster hinausschaue, sehe ich eine Azalee in voller Blüte. Nein, nein! Das sehe ich nicht, obwohl das die einzige Möglichkeit ist, das zu beschreiben, was ich sehe. Dies ist eine Proposition, ein Satz, eine Tatsache, während dasjenige, was ich wahrnehme, keine Proposition, kein Satz, keine Tatsache ist, sondern lediglich ein Bild, das ich zum Teil mit Hilfe einer Tatsachenaussage verständlich mache. Diese Aussage ist abstrakt, während demgegenüber dasjenige, was ich sehe, konkret ist. Ich stelle eine Abduktion auf, wenn ich nichts anderes tue, als in einem Satz all das auszudrücken, was ich sehe. Die Wahrheit ist, daß unsere gesamte Erkenntnisstruktur von reinen Hypothesen überzogen ist, die mit Hilfe der Induktion bestätigt und weiter entwickelt wird. Die Erkenntnis läßt sich über das Stadium leeren Stierens hinaus nicht im geringsten erweitern, macht man nicht bei jedem Schritt eine Abduktion.‹
Wenn alle neue Erkenntnis von der Ausbildung einer Hypothese abhängt, dann scheint doch nichtsdestoweniger ›zu Beginn kein Platz für die Frage zu sein, wodurch sie gestützt wird, da sie aus einem konkret vorliegenden Faktum lediglich ein ›vielleicht‹ (vielleicht ja und vielleicht nein) schließt. Es gibt allerdings eine deutliche Tendenz in Richtung der Bestätigung, und die Häufigkeit, mit der sich das als eine konkret vorliegende Tatsache herausstellt, (...) gehört mit zu dem Überraschendsten unter allen Wundern des Universums.‹ Indem er unsere Fähigkeit zur Abduktion vergleicht mit ›dem musikalischen und fliegerischen Vermögen eines Vogels, d.h., daß diese Tatsache für uns das bedeutet, was die genannten Vermögen für einen Vogel sind, nämlich die vornehmsten unserer bloß instinktiven Vermögen‹, stellt Peirce fest, daß ›die Retroduktion auf die Hoffnung gerichtet ist, daß zwischen dem Geist des Denkenden und der Natur eine hinreichende Verwandtschaft besteht, um die Formulierung von Annahmen nicht völlig hoffnungslos werden zu lassen, vorausgesetzt, daß jede Annahme durch den Vergleich mit der Beobachtung geprüft wird.‹ (1982, S. 32–33)

Die Abduktion ist also nicht nur eine spezielle Schlußform in der theoretischen Logik, sondern sie vollzieht sich ständig bei den alltäglichsten Wahrnehmungen, weil wir nie die Dinge selbst sehen, sondern nur deren Zeichen, von denen wir auf die begriffliche

Kategorie zurückschließen, zu der das durch die Zeichen signalisierte Phänomen mutmaßlich gehört.

Der Protokollsatz »Dort ist eine Azalee« ist eine relativ unproblematische, weil leicht konsensfähige Abduktion, aber die diagnostischen Sätze »Dies ist ein Alkoholiker« oder gar »Seine Eltern waren Alkoholiker« sind schon wesentlich riskantere Abduktionen. Da es sich bei diesen Deutungen von beobachteten Zeichen um Protokollsätze handelt, die das Fundament der Hermeneutik ebenso wie der analytischen Wissenschaftstheorie darstellen, sind Natur- und Geisteswissenschaften gemeinsam auf eine Berücksichtigung und Klärung der abduktiven Schlußform angewiesen.

Die *Systematik auf der folgenden Seite* soll die drei Formen der Schlußfolgerung *Deduktion*, *Induktion* und *Abduktion* schematisch darstellen und zueinander in Beziehung setzen.

Erläuterungen zur Systematik der Schlußfolgerungen

a) Die Deduktion ist eine logisch makellose Schlußfolgerung, die für alle Elemente der Stichprobe zu einer korrekten Prädikatisierung führt. Allerdings enthält die Schlußfolgerung gegenüber der theoretischen Vorgabe und dem konkret beobachteten Ereignis keine neue Information.

(Die empirische Tatsache, daß es in Australien schwarze Schwäne gibt, hat keinen Einfluß auf die dargestellte Logik, die von der Vorgabe ausgeht, daß alle Schwäne weiß seien.)

b) Die Induktion führt – wenn die Stichprobe groß genug und für die Population repräsentativ ist – lediglich zu Wahrscheinlichkeitsaussagen, und diese Wahrscheinlichkeitsaussagen teilen wenig Neues mit, sondern generalisieren (mit entsprechendem Irrtumsrisiko) die in der Stichprobe bereits gemachten Beobachtungen auf die Population.

c) Die Abduktion führt zu Schlußfolgerungen, die logisch illegitim sind, aber wenn sie stimmen, vermitteln sie neue Informationen, gerade weil sie nicht denknotwendig aus der theoretischen Vorgabe und der Beobachtung resultieren.

d) Die Abduktion bildet die medizinische Form des zuordnenden Schließens ab: Die Wahrnehmung eines oder mehrerer Zeichen, genannt Symptome, führt zur Diagnose, d.h. zur Einordnung in eine (alte oder neue) Krankheitskategorie der medizinischen Nosologie. Von daher ist nicht überraschend, daß die historischen Wur-

	Vorgabe	Ereignis	Schlußfolgerung	Gültigkeit
D E D U K T I O N	ALLG. SATZ »alle Elemente aus Population P haben die Eigenschaft E« z.B. »alle Schwäne sind weiß«	ZUORDNENDER SATZ »die Elemente der Stichprobe S sind aus Population P« z.B. »diese Vögel sind Schwäne«	BESCHREIB. SATZ »die Elemente der Stichprobe S haben die Eigenschaft E« z.B. »diese Vögel sind weiß«	kein anderes Resultat möglich Schlußfolgerung für alle Elemente der Stichprobe S richtig → Gültigkeitswahrscheinlichkeit je Element $p = 1{,}0$
I N D U K T I O N	ZUORDNENDER SATZ »die Elemente der Stichprobe S sind aus Population P« z.B. »diese Vögel sind Schwäne«	BESCHREIB. SATZ »die Elemente der Stichprobe S haben die Eigenschaft E« z.B. »diese Vögel sind weiß«	ALLG. SATZ »alle Elemente aus Population P haben die Eigenschaft E« z.B. »alle Schwäne sind weiß«	ein weiteres Resultat möglich: Schlußfolgerung für einige Elemente der Population P richtig → $p > 0$
A B D U K T I O N	ALLG. SATZ »alle Elemente aus Population P haben die Eigenschaft E« (nosologisch) z.B. »alle Schwäne sind weiß«	BESCHREIB. SATZ »die Elemente der Stichprobe S haben die Eigenschaft E« (symptomatisch) z.B. »diese Vögel sind weiß«	ZUORDNENDER SATZ »die Elemente der Stichprobe S sind aus Population P« (diagnostisch) z.B. »diese Vögel sind Schwäne«	zwei weitere Resultate möglich: Schlußfolgerung für einige oder kein Element der Stichprobe S richtig → $p \geq 0$

zeln der Semiotik auf Mediziner zurückgehen – auf HIPPOKRATES und GALEN, die beiden berühmtesten Ärzte der griechisch-römischen Antike. Zuordnendes, diagnostisches, subsumierendes Denken ist die tägliche Praxis auch aller anderen sozialen Berufe und das wichtigste Anliegen hermeneutischer Deutungsarbeit.

e) Je kleiner die Stichprobe und je kleiner die Population, desto riskanter die Abduktion. Den Extremfall der diagnostischen Schwierigkeit hat der Kriminalist zu bewältigen: Er steht vor der Aufgabe, eine Stichprobe von nur einem Verdächtigen einer Population von nur einem Täter zuzuordnen.

(Mehrere Verdächtige erleichtern die Arbeit nicht, weil sie keine Stichprobe bilden, sondern einzeln überprüft werden müssen; das gleiche gilt für den Fall, daß mehrere Täter gesucht werden, weil ja die unterschiedlichen Tatbeiträge ermittelt werden müssen.)

f) Die Geltungswahrscheinlichkeit der Abduktion nimmt zu, wenn die Stichprobe und die Population im Verhältnis zu der Zahl der Elemente mit der Eigenschaft E sehr groß wird. In der sozialen Praxis sind Population (meist eine bestimmte Minorität) und Stichprobe (oft nur eine Person) vorgegeben, aber die Menge der Elemente mit der Eigenschaft E läßt sich drastisch senken, wenn man für E Merkmalskombinationen einsetzt. Die Forderung der Abduktionslogik nach Berücksichtigung möglichst vieler Merkmale entspricht der Forderung der Hermeneutiker nach Berücksichtigung möglichst vieler Indizien (vgl. Kap. VI).

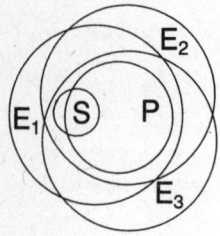

Obgleich keine der drei Eigenschaften spezifisch für die Population P ist und sie miteinander relativ hoch korrelieren, ist die Menge der Elemente, die alle drei Eigenschaften tragen, in dem dargestellten Fall nicht viel größer als die Zahl der Elemente der Population und mithin die abduktive Zuordnung der Stichprobe zur Population weniger riskant.

Wenn die allgemeine Vorgabe in dem Schwanbeispiel hieße:
»Alle Schwäne sind 1. weiß, 2. rotschnäbelig und 3. flugfähig«
und die beschreibende Aussage über das konkrete Ereignis lautete:
»diese Vögel sind 1. weiß, 2. rotschnäbelig und 3. flugfähig«,
dann wäre die abduktive Schlußfolgerung
»diese Vögel sind Schwäne«
schon sehr viel glaubwürdiger.
Und zwar nicht aus wahrscheinlichkeitstheoretischen Gründen – es könnte theoretisch noch sehr viele Vogelarten mit der genannten Merkmalskombination geben –, sondern weil die Natur längst nicht alle Möglichkeiten nutzt, die kombinatorisch eigentlich gegeben wären.

Wenn es darum geht, für viele Elemente mit vielen Eigenschaften sinnvolle Zuordnungsklassen zu finden, bietet sich in der modernen empirischen Sozialforschung die Cluster-Analyse an (besonders leistungsfähig ist die Profil-Cluster-Analyse von SCHLOSSER 1976). Die Cluster-Analyse ist eine objektive Alternative zum subjektiv-hermeneutischen Auffinden neuer sinnvoller Begriffsklassen. Durch die Anwendung der Cluster-Analyse war es beispielsweise möglich, eine große Stichprobe von verwahrlosten Jugendlichen in drei Merkmalssyndrome zu untergliedern (›latente Verwahrlosung‹, ›asoziale Verwahrlosung‹, ›antisoziale Verwahrlosung‹), die dann als diagnostische Kategorien genutzt werden konnten (EBERHARD 1969 a und 1969 b).

g) Es kommt auch auf die Art der Eigenschaften an. Merkmale, die allen Vögeln eigen sind (Zweibeinigkeit, Flügel, Federn etc.) steigern nicht die Zuordnungschancen. Besonders günstig sind spezifische Merkmale, die nur bei Schwänen vorkommen, oder gar Merkmale, die spezifisch und typisch sind, also nur bei Schwänen und bei allen Schwänen anzutreffen sind. Das Vorhandensein bzw. Nicht-Vorhandensein eines solchen Merkmals würde allein über die Zugehörigkeit bzw. Nicht-Zugehörigkeit zur Population entscheiden können. Bei Kombinationen mehrerer Eigenschaften steigt die Abduktionsvalidität, wenn die Eigenschaften möglichst niedrig miteinander korrelieren.

h) Eine induktive Hypothese wird dadurch empirisch überprüft, daß man untersucht, ob ihre Verallgemeinerung von der Stichprobe auf die Population sich an allen anderen Elementen der Population bewährt. In unserem Beispiel müßte also geprüft werden, ob alle weiteren Elemente aus der Population der Schwäne weiß sind.
Demgegenüber wird eine abduktive Hypothese dadurch empirisch überprüft, daß man untersucht, ob sich die Zuordnung der Stichprobe zur Population bewährt. In unserem Beispiel müßte also geprüft werden, ob die beobachtete Stichprobe alle weiteren Eigenschaften aufweist, die der Population der Schwäne eigen ist.
Während die Vorhersage der Induktions-Überprüfung eine bestimmte Eigenschaft der Stichprobenelemente auch außerhalb der beobachteten Stichprobe vermutet, richtet sich die Vorhersage der Abduktions-Überprüfung auf weitere Eigenschaften der Elemente innerhalb der beobachteten Stichprobe.
Abduktionen (und mithin Basissätze) sind also durchaus einer empirischen Prüfung fähig, allerdings in anderer Form als wir sie auf dem deduktiv-theoriekritischen Erkenntnisweg kennengelernt haben.
Daraus resultieren interessante Möglichkeiten, das von POPPER eingeräumte Basis-Satz-Dilemma neu anzugehen.

Bis hierher stellt sich die Abduktion als eine logische Operation dar, die der zuordnenden bzw. diagnostischen Schlußfolgerung entspricht, deren Treffsicherheit von der Zahl und Art der bekannten Merkmale abhängt und die eine neue Form der empirischen Überprüfung von Basissätzen bzw. phänomenologischen Deutungen eröffnet.

4. Abduktion am Beispiel eines Rätsels

Was hat nun Abduktion mit »Rate-Instinkt«, »Versenkung«, »innerem Licht«, »lume naturale«, »Einsicht wie ein Blitz« (alles Umschreibungen von PEIRCE) zu tun? Statt einer direkten Antwort will ich eine Geschichte erzählen, die von einem Rätsel und seiner Lösung handelt.

Rätsel kennen wir alle aus unserer Kindheit und aus unserer Freizeitgestaltung. Darüber hinaus gibt uns der private und berufliche Alltag allerlei Rätsel auf. In der Geschichte und in den Geschichten der Völker spielen sie oft eine entscheidende Rolle. Die Fähigkeit oder Unfähigkeit, Rätsel zu lösen, gilt als schicksalbestimmend. Rätsel sind abduktive Aufgaben besonderer Art.

Der alte Kapitän Jansen war gestorben. Obgleich niemand bei ihm irgendwelche größeren Geldbeträge oder gar Wertgegenstände gesehen hatte, galt er doch immer als sehr wohlhabend. Er selbst hatte sich ebenfalls gern als reich bezeichnet. Um so größer war das Erstaunen seines von weither angereisten Sohnes, als er statt der lange herbeigesehnten Erbschaft lediglich ein Blatt Papier mit einem großen Quadrat folgender Gestalt vorfand.

1	2	3	4	5
2	3	4	5	6
3	4	5	6	7
4	5	6	7	8
5	6	7	8	9 M

Der Sohn wußte, daß sich sein Vater viel mit der Ver- und Entschlüsselung von Rätseln beschäftigt hatte. Er hielt deshalb das seltsame Quadrat für eine Ausgeburt jener Marotte und wollte es gerade in den Kamin werfen, als ihm der Gedanke kam, daß die Lösung des Rätsels vielleicht das Versteck der väterlichen Reichtümer enthüllen könnte.

Er brütete die ganze Nacht und kam endlich gegen Sonnenaufgang zu der Lösung:

¹P	²A	³S	⁴T	⁵E
²A	³S	⁴T	⁵E	⁶N
³S	⁴T	⁵E	⁶N	⁷O
⁴T	⁵E	⁶N	⁷O	⁸R
⁵E	⁶N	⁷O	⁸R	⁹M

Obgleich er von Anfang an überzeugt war, daß er die gemeinte Lösung gefunden hatte, erschien sie ihm doch völlig bedeutungsleer. Vielleicht wollte der Alte der Nachwelt nur damit imponieren, daß er ein fünffaches magisches Quadrat mit gleichen Buchstaben in den übereck (links unten und rechts oben) benachbarten Feldern ausgeknobelt hatte. Das sähe ihm ähnlich.

Das rätselhafte Quadrat ließ den jungen Jansen aber nicht mehr los. Nachdem er eine Weile durch seine Gitter ins Leere gestarrt hatte, traten ihm plötzlich die vier Eckbuchstaben entgegen:

¹(P)	²A	³S	⁴T	⁵(E)
²A	³S	⁴T	⁵E	⁶N
³S	⁴T	⁵E	⁶N	⁷O
⁴T	⁵E	⁶N	⁷O	⁸R
⁵(E)	⁶N	⁷O	⁸R	⁹(M)

$PE - EM = p.\,m. = post\ mortem!$

Das Zentrum des Feldes war nun ganz von dem Wort *STENO* beherrscht.

Er riß die Schublade des Schreibtisches auf und fand dort tatsächlich einen Stenoblock. Auf der letzten beschriebenen Seite standen die Zeichen:

Der junge Jansen verstand etwas vom Stenographieren; sein Vater hatte es ihm selbst beigebracht. Die Übersetzung der Kürzel war wenig schmeichelhaft:

»Du Narr, mein Testament ist das Alte und das Neue Testament!«

Es tröstete ihn wenig, als er nun auch entdeckte, daß die restlichen Buchstaben noch einmal das unterstrichen, was er soeben gelesen hatte:

»NARR – AT – NT«

Die Leute in der Stadt hörten von der Geschichte und erkannten, daß der Alte auf seine Weise doch sehr reich gewesen war und daß er seinen Reichtum längst dem Sohn vererbt hatte; denn dieser verstand sich auf die Kunst der Deutung ebenso gut wie jener.

Ob der junge Jansen lernte, sie auf die Bibel anzuwenden, oder ob er andere Bücher des Lebens erschloß, mag offen bleiben.

Wir wollen indessen seine hermeneutischen Bemühungen nachvollziehen, weil sie einiges Licht auf den mysteriösen Vorgang sinndeutender Erkenntnis werfen.

Unter dem Blickwinkel der Abduktionslogik ist folgendes geschehen:

So wie ein Kriminalist zunächst einige Indizien vorfindet, die auf die Art des Täters hinweisen, den er sucht, findet der Sohn des Kapitäns einige Zeichen für das gesuchte Netzwerk von Worten:

a) die Wörter des Gitters bestehen aus 5 Buchstaben;
b) die Buchstaben jedes Wortes sind verschieden;
c) sie bilden ein lückenloses quadratisches Gitter;
d) die übereck (links und rechts oben) benachbarten Felder enthalten gleiche Buchstaben;
e) der Buchstabe unten rechts ist ein M.

Ferner ist anzunehmen, daß eine bestimmte Lösung gemeint ist. Die
›Population‹ enthält also nur 1 Element.

Der vorgegebene ›*Allgemeine Satz*‹ (vgl. obige Systematik) lautet
also: »Das einzige Element der Population hat die Eigenschaften a)
bis e).«

Der junge Jansen muß nun also eine Stichprobe von Wortgittern
finden, die die geforderten Eigenschaften aufweisen. Er findet nur
eine Lösung.

Der ›*Beschreibende Satz*‹ über das beobachtete Ereignis lautet:
»Die gefundene Ein-Element-Stichprobe hat die Eigenschaften a)
bis e).«

Der schlußfolgernde ›*Zuordnende Satz*‹ heißt schließlich: »Die Ein-
Element-Stichprobe – das gefundene Wortgitter – stammt aus der
vorgegebenen Ein-Element-Population; das gefundene Wortgitter
ist die gewünschte Lösung.«

Der junge Jansen glaubt an diese Schlußfolgerung. Mit welchem
Recht? Nach der Wahrscheinlichkeitstheorie gibt es für magische
Quadrate der hier vorgestellten Art

$$G = \frac{B\,!}{(B - b)\,!} \quad \text{mögliche Buchstabengitter}$$

(G = Zahl der möglichen Buchstabengitter; B = Zahl der Buchstaben des Alphabets = 26; b = Zahl der im Gitter verwendeten
Buchstaben, bei einem Fünfer-Gitter = 9)

$$G = \frac{26\,!}{(26 - 9)\,!} = 1\ 133\ 836\ 704\ 000$$

Wird – wie in unserem Fall – ein Buchstabe festgelegt, senkt sich die
Zahl der Möglichkeiten auf

$$G = \frac{(B - 1)\,!}{(B - b)\,!}$$

$$G = \frac{(26 - 1)\,!}{(26 - 9)\,!} = 43\ 609\ 104\ 000$$

Wenn der Sohn des Kapitäns trotz der mehr als 43 Milliarden
Lösungsmöglichkeiten seine Lösung für die einzig richtige hält, ist
das kein Anfall von Übermut, aber auch keine intuitive Offenba-
rung, sondern schlicht die Erfahrung einer schlaflosen Nacht. Jansen junior erfuhr, daß die Mitglieder unserer Sprachgemeinschaft
von den vielen Möglichkeiten, fünfbuchstabige Wörter zu bilden,

nur relativ wenige nutzen, daß also die realen Wahrscheinlichkeiten des Lebens etwas ganz anderes sind als die theoretischen Wahrscheinlichkeiten der Kombinatorik. Von dieser Differenz profitieren außer Jansen alle seine hermeneutischen Kollegen.

Von den relativ wenigen fünfbuchstabigen Wörtern kommen viele für ein Gitter der geforderten Art nicht in Betracht (beispielsweise sind fast alle mit mehr als 2 aufeinanderfolgenden Konsonanten unbrauchbar).

Tatsächlich gibt es nur die eine Lösung. Seine Zuversicht ist also objektiv gerechtfertigt. Wir haben die Idealsituation vor uns, in der die Abduktion ohne zusätzliche empirische Überprüfung zu einer richtigen Schlußfolgerung führt.

Der Weg zur Lösung verlangte zwar Bereitschaft und Fähigkeit zu disziplinierter systematischer Arbeit, aber keineswegs besondere Intuitionen oder Instinkte. Ein mit allen fünfbuchstabigen Wörtern deutscher Sprache gefütterter Computer hätte die Lösung auch zustande gebracht.

Aber der hermeneutische Ehrgeiz des jungen Jansen war noch nicht befriedigt. Er hatte zwar statt sinnloser Buchstabenkombinationen sinnvolle Wörter der deutschen Sprache gefunden, aber ihr Kontext schien ihm reichlich sinnlos, bis er endlich durch Umstrukturierung seiner Wahrnehmung einen möglichen Sinn entdeckte – das würde ihm kein Computer bieten. Natürlich darf er seiner Sache nicht so sicher sein. Die Deutung ist mehr projizierend als extrahierend.

Peirce hatte großes Vertrauen in das Erkenntnispotential projizierender Deutungen und stand insofern in der *Tradition des mystisch-magischen Erkenntnisweges*. Die mystisch-magischen Begriffe ›Hellsichtigkeit‹, ›Zweites Gesicht‹, ›Erleuchtung‹ und ›Meditation‹ sind eng verwandt mit seinen bereits zitierten Formulierungen ›inneres Licht‹, ›il lume naturale‹, ›Einsicht wie ein Blitz‹ und ›Versenkung‹.

Die mystisch-magischen Wurzeln sind auch in der klassischen Hermeneutik offensichtlich. »Der Verstehende sucht die Unio mit dem Seelenleben des Autors.« (Hufnagel 1976, S. 10)
Schleiermacher sah in der Hermeneutik eine ›divinatorische Kunst‹. Die Divination ist »das Vermögen der Ahnung verborgener und zukünftiger Zusammenhänge« (Hoffmeister, 1955, S. 172).

134

In späteren Jahren nannte PEIRCE die Abduktion ein ›göttliches Privileg‹, ein ›Kommunikationsmedium zwischen dem Menschen und seinem Schöpfer‹ (vgl. SEBEOK u. UMIKER-SEBEOK 1982, S. 35).

Der junge Jansen rechtfertigt das PEIRCEsche Vertrauen in projizierende Deutungen: Die empirische Kontrolle der Schreibtischschublade bestätigt die projektive Interpretation. Die Tatsache, daß diese Überprüfung selbst eine hermeneutische Deutung enthält (die Deutung des Stenogramms), kümmert ihn wenig, denn er kann davon ausgehen, daß jeder andere Stenograph zur gleichen Entschlüsselung gelangen würde. Alles ist stimmig. Sogar die letzten, zunächst sinnlos erscheinenden Buchstaben erhalten eine Bedeutung.

Diese Stimmigkeit, in der jedes Detail plötzlich eine sinnvolle Bedeutung hat, ist ein notwendiges, nicht immer hinreichendes und manchmal verführerisches Validitätskriterium hermeneutischer Analysen (vgl. HIRSCH 1972, S. 209 ff.).

Die kreative Funktion der Abduktion wird in der Umstrukturierung der ursprünglichen Kategorisierung des Problems deutlich: Besonders die Wahrnehmung einiger Besonderheiten, nämlich die Deutbarkeit der vier Eckelemente und die Sonderstellung des mittleren Wortes führten endgültig zu einer Umdeutung der Vorgabe: »Hier geht es nicht nur um eine Knobelaufgabe, sondern um eine testamentarische Botschaft.«

5. Abduktion an Beispielen aus der sozialen Praxis

In dem Rätsel unserer Fabel galt es, zunächst ein geeignetes Element zu finden, um es dann einer vorher definierten Ein-Element-mehr-Eigenschaften-Kategorie abduktiv zuzuordnen. Diese spezielle Aufgabenstellung gibt es auch in der sozialen Praxis – z. B.:

– Welcher Heimplatz paßt zu einem bestimmten Jugendlichen?
– Welche Pflegeeltern passen zu einem bestimmten Kind?
– Welcher Beruf paßt zu einem bestimmten Arbeitslosen?

Für den weniger speziellen Fall der Abduktion, in dem es darauf ankommt, ein vorhandenes Element einer passenden Kategorie zuzuordnen, soll folgendes Beispiel stehen.

Eine Sozialpädagogin betreut im Kinderhort einen Jungen, an dem ihr folgende Eigenschaften auffallen: langsame Bewegungen, meistens still, trauriges Gesicht, manchmal lächelnd, nie lachend, aber auch nie Tränen, im Gespräch und in Bildern Todesphantasien.

Die Sozialpädagogin abduziert: der Junge könnte zur Kategorie der Depressiven gehören und veranlaßt die Vorstellung in der Erziehungsberatungsstelle. Die Erziehungsberatungsstelle bestätigt ihre Vermutung: ›psychogene Depression‹.

Der Sozialpädagogin kommt allerdings merkwürdig vor, daß der Junge besonders freundliche und zuverlässige Eltern hat, während die psychologischen Lehrbücher mangelhafte bzw. unzuverlässige emotionale Zuwendung in der frühen Kindheit als wesentliche Ursache der psychogenen Depression angeben.

Die Eltern kümmern sich viel um den Jungen und die Sozialpädagogin hatte beobachtet, daß sie unabhängig von seinem Verhalten stets geduldig und nett waren. Sie versetzte sich in den Jungen und fühlte, daß die Haltung der Eltern sie wütend machen würde, und wenn das auch nichts ändern würde, kämen in ihr Stimmungen der Ohnmacht und schließlich der Resignation auf.

Dann wäre die Depressivität des Jungen eventuell keine Folge von mangelhafter emotionaler Zuwendung, sondern ein Ergebnis von Ohnmacht, eine Reaktion auf die Unbeeinflußbarkeit der eigentlich positiven elterlichen Gefühle?

Diese aus der Wahrnehmung abweichender Besonderheiten am Einzelfall provozierte Abduktion könnte zu einer Ergänzung oder gar Reform der klassischen psychologischen Depressionstheorie führen.

Eine weniger aufmerksame und denkkritische Sozialpädagogin hätte vielleicht ihre Beobachtungen dahingehend gedeutet, daß die emotionale Zuwendung der Eltern ›unecht‹ sei und keine Veranlassung gesehen, die herkömmliche Depressionstheorie in Frage zu stellen. Sie wäre wohl auch nicht auf die Idee gekommen, dem Kind gezielt Erlebnisse der Macht und der affektiven Wirksamkeit zu vermitteln. Statt dessen hätte sie womöglich auf die Depressivität mit betont unerschütterlicher emotionaler Zuwendung reagiert und damit die Ohnmachtserlebnisse des Kindes gesteigert.

Das Beispiel ist gar nicht so weit hergeholt. Vergleichbare Beobachtungen führten SELIGMAN zu dem neuen Begriff bzw. zu der neuen Theorie der »Erlernten Hilflosigkeit« als bestmögliche Erklärung für psychogene Depressionen und zu bemerkenswerten experimentellen Bestätigungen dieser ätiologischen Hypothese (SELIGMAN, 1979).

In diesem Beispiel wird die *kreative, begriffsbildende bzw. theorie-generierende Funktion der Abduktion* deutlich. Hierzu schreibt PEIRCE:

»Abduktion ist jene Art von Argument, die von einer überraschenden Erfahrung ausgeht, das heißt von einer Erfahrung, die einer aktiven oder passiven Überzeugung zuwiderläuft. Dies geschieht in Form eines Wahrnehmungsurteils oder einer Proposition, die sich auf ein solches Urteil bezieht, und eine neue Form von Überzeugung wird notwendig, um die Erfahrung zu verallgemeinern.« (1983, S. 95)

Rückblickend lassen sich also zwei Abduktionsformen unterscheiden: *Die subsumierende Abduktion,* die ein vorfindliches Phänomen einer schon bekannten Begriffsklasse zuordnet, und die *terminogene Abduktion,* die eine neue terminologische Kategorie eröffnet und damit neue theoretische Hypothesen anregt bzw. bereits impliziert.

Die Abduktion ist die logische Grundlage der Semiotik und ihr integraler Bestandteil. PEIRCE hat, darauf aufbauend, die verschiedenen Formen und Funktionen der Zeichen analysiert und eine imposante Nomenklatur und Systematik aller vorfindlichen Zeichen entworfen.

In deutscher Sprache gibt es bisher nur eine, leider noch unveröffentlichte Darstellung der PEIRCEschen Semiotik unter Einbeziehung ihrer logischen Grundlagen (ROHR, 1986). Die Anwendung auf das Feld der sozialen Berufe steht noch aus. Inzwischen konkurrieren mehrere semiotische Theorien miteinander; die Diskussion darüber ist noch lange nicht abgeschlossen (vgl. z.B. SPINNER, 1977; BENTELE u. BYSTRINA, 1978).

F. Integrativer Rückblick

Menschliches Denken ist einerseits analytisch und andererseits synthetisch; es gliedert die Gesamtheit des vorfindlichen Universums in Begriffe auf und sucht dann die Zusammenhänge zwischen den gesonderten Begriffsinhalten. Mit zunehmender Arbeitsteiligkeit und damit einhergehender begrifflicher Aufgliederung der beobachteten und bearbeiteten Welt wird es für den einzelnen immer schwieriger, Zusammenhänge zu sehen. Deshalb sollen hier Zusammenhänge betont werden, die der wissenschaftstheoretischen Diskussion aus dem Blick geraten sind:
- Der Zusammenhang zwischen Problemlagen und Erkenntnisarbeit;
- der Zusammenhang zwischen den verschiedenen Erkenntnisinteressen;
- der Zusammenhang zwischen exakter Wissenschaft und Hermeneutik;
- der Zusammenhang zwischen Deduktion, Induktion und Abduktion;
- der Zusammenhang zwischen den verschiedenen Erkenntniswegen.

I. Der Zusammenhang zwischen Problemlagen und Erkenntnisarbeit

Da die Erkenntnis- und Wissenschaftstheorie sich als grundlegende Metatheorie für alle wissenschaftlichen Disziplinen versteht, abstrahiert sie von den unterschiedlichen gesellschaftlichen Aufträgen, die den verschiedenen Disziplinen aufgegeben sind. Aus der Sicht unseres Schemas (vgl. D.) läßt sie den wissenschaftlichen Erkenntnisprozeß statt mit den vorgängigen Problemen mit den nachfolgenden Erkenntnisinteressen beginnen.

Das hat den fundamentalen Nachteil, daß die theoretischen Antworten auf die Erkenntnisinteressen nicht danach bewertet werden, ob sie geholfen haben, die zugrundeliegenden Probleme zu lösen, sondern danach, ob sie die Fragestellungen korrekt beantwortet haben. Diese Frage nach der ›Wahrheit‹ hat sich aber als prinzipiell unbeantwortbar erwiesen, während die Frage nach der praktischen ›Nützlichkeit‹ wesentlich bescheidener ist. Es ist leichter, die Frage zu beantworten, ob eine wissenschaftliche Theorie bei der Lösung eines praktischen Problems behilflich war, als die Frage, ob sie eine wahre Theorie ist.

Am Beispiel einer Landkarte (vgl. B. I.) wurde gezeigt, daß die Frage, ob sie ›wahr‹ ist, gesellschaftlich weniger bedeutsam ist, als die Frage, ob sie ›nützlich‹ ist. Diese Frage kann aber nur beantwortet werden, wenn der Zusammenhang zu den Ausgangsproblemen (beispielsweise Probleme des Wanderers oder des Autofahrers oder des Segelfliegers) nicht aus dem Blick gerät.

Um einem flachen Pragmatismus vorzubeugen, darf aber auch der Zusammenhang von Nützlichkeits- und Wahrheitsstreben nicht ignoriert werden. Denken ist u. a. innerpsychisches Probehandeln. Es hat gerade die Aufgabe, die Risiken tatsächlichen Handelns zu vermeiden. Konkurrierende Theorien können nicht immer durch praktisches Ausprobieren beurteilt werden. Schon im naturwissenschaftlichen Bereich ist die Versuch-Irrtum-Methode oft nicht opportun (z. B. Weltraumfahrt). Das gilt erst recht im sozialwissenschaftlichen Bereich (z. B. Entwicklungspolitik).

Wenn schon bewiesene Wahrheit nicht zu haben ist, so doch mindestens Glaubwürdigkeit, und glaubwürdig erscheint eine Theorie genau dann, wenn alle möglichen Mittel der Wahrheitssuche eingesetzt wurden.

II. Der Zusammenhang zwischen den verschiedenen Erkenntnisinteressen

Die Aufteilung der Erkenntnisinteressen in drei große Fragestellungen – die phänomenale Fragestellung, die kausale Fragestellung und die aktionale Fragestellung – hat erhebliche Vorteile, weil sie den wissenschaftlichen Arbeitsgang übersichtlich gliedert. Viele Diskussionen in wissenschaftlichen Seminaren in der beruflichen Praxis, in politischen Gruppen, in Rundfunk und Fernsehen würden befriedigender ablaufen, wenn die Teilnehmer sich darauf verständigen würden, welche der drei Fragestellungen jeweils behandelt werden soll.

Andererseits hängen die drei Fragestellungen eng zusammen: Die Ursachen eines Phänomens können nicht sinnvoll erörtert werden, wenn noch nicht gründlich geklärt wurde, um welches Phänomen es sich eigentlich handelt. Das gilt natürlich auch für die aktionale Fragestellung. Die Bearbeitung der aktionalen Fragestellung ist allerdings nicht notwendig von der vorgängigen Bearbeitung der kausalen Fragestellung abhängig.

Beispielsweise kann die Frage nach der Behandlung von Phobien unabhängig von der Ursachenfrage bearbeitet werden. Die behavioristisch orientierte Verhaltenstherapie geht tatsächlich so vor.

Allerdings geht dann die Wahrnehmung der Dialektik zwischen Ursachen und entgegenwirkenden Ursachen verloren, denn die aktionalen Strategien sind in dialektischer Sicht die entgegenwirkenden Ursachen.

Schwierigkeiten bereitet die Einordnung der Frage nach dem Wesen, weil sie einerseits auf die invarianten und spezifischen Eigenschaften eines Erkenntnisgegenstandes zielt – insofern ist sie phänomenal – und andererseits die inneren Wirkfaktoren meint – insofern ist sie kausal.

Problematisch ist auch die Zuordnung der Sinnfrage. Die Frage nach dem Bedeutungs-Sinn von Zeichen ist eine diagnostische Frage und relativ leicht als phänomenal einzuordnen, die Frage nach dem Zweckdienlichkeits-Sinn des Bezeichneten läßt sich je nach Sichtweise als phänomenal oder als kausal kategorisieren.

Man kann die Zweckdienlichkeit einer Brücke zu ihren phänomenalen Eigenschaften zählen; sie läßt sich aber auch in doppelter Weise kausal auffassen: erstens kann eine Brücke als Ursache für die Möglichkeit der Flußüberschreitung gesehen werden, zweitens war dieser Zweck als Intention der Konstrukteure die Ursache (causa finalis) der Brücke.

III. Der Zusammenhang zwischen exakter Wissenschaft und Hermeneutik

Die sogenannten exakten Wissenschaften stützen ihre Aussagen auf Induktion und Deduktion. Die besonders strengen Vertreter des deduktiv-theoriekritischen Erkenntnisweges lehnen sogar die Induktion als unwissenschaftlich ab. Aber wir haben gesehen, daß ihre letzten Kriterien Basissätze sind, die sie weder deduktiv noch induktiv, sondern nur per Konsens, also letztlich dogmatisch begründen können.

Die Hermeneutiker finden ihre Aussage nicht induktiv und nicht deduktiv, sondern ›deutend‹. Sie grenzen sich von den exakten Wissenschaften unter dem Motto »die Natur erklären wir, das Seelenleben verstehen wir« ab. Es zeigte sich aber, daß diese dualistische Abgrenzung und die Geltungsansprüche der Hermeneutiker nicht sehr überzeugend sind.

Die Protokollsätze des induktiv-empiristischen Erkenntnisweges sowie die Basissätze des deduktiv-theoriekritischen Erkenntnisweges und die Grundaussagen der Hermeneutik lassen sich unter dem Abduktionsbegriff der Semiotik zusammenführen. Die Abduktion entspricht der Zuordnung bzw. der Diagnose bzw. der Subsumtion.

Es gibt einfache und deshalb leicht konsensfähige Abduktionen (z. B. hermeneutisch: »die Zeichen auf diesem mittelalterlichen Siegel bedeuten das Wort ›König‹« oder naturwissenschaftlich: »die Zeichen dieses Vorgangs bedeuten ›Verdampfung‹«) sowie kompliziertere und deshalb eventuell strittige Abduktionen (z. B. hermeneutisch: »diese Zeichen bedeuten ›Friedensvertrag‹« oder naturwissenschaftlich: »diese Zeichen bedeuten ›Mutation‹«).

In allen diesen Fällen schließt die Abduktion von einzelnen Zeichen auf Zugehörigkeit des Erkenntnisobjektes zu einer bereits bekannten Begriffsklasse (›subsumierende Abduktion‹). Sie öffnet den Zugang zu den Informationen dieser Kategorie. Führt die Abduktion zu einer neuen Begriffsklasse (›terminogene Abduktion‹), kann diese zum Gegenstand weiterer phänomenaler, kausaler und aktionaler Erkenntnisinteressen gemacht werden.

Die Stichhaltigkeit der abduktiven Schlußfolgerung ergibt sich nicht aus der aristotelischen Logik – wie bei der Deduktion – und nicht aus der wahrscheinlichkeitstheoretisch begründeten Verallgemeinerung der Stichprobenmerkmale auf die Grundgesamtheit – wie bei der Induktion –, sondern aus der überprüfbaren Vorhersage zunächst unbekannter Zeichen aufgrund bereits bekannter Zeichen.

Da die Angehörigen sozialer Berufe ständig herausgefordert sind, Zeichen zu beobachten und zu deuten, befinden sie sich genau in jener der exakten Wissenschaft und der Hermeneutik gemeinsamen, logisch wenig erschlossenen Grauzone, die wir mit Hilfe der semiotischen Abduktions-Logik beleuchtet haben.

IV. Der Zusammenhang von Deduktion, Induktion und Abduktion

Neben der Abduktion haben im sozialen Bereich die Deduktion und Induktion ebenfalls große Bedeutung.

Wenn z. B. ein jahrelang vom Alkohol erheblich abhängiger Klient als Alkoholiker diagnostiziert wurde, dann kann man von der Theorie des Alkoholismus einige Vorhersagen für den Klienten deduzieren (beispielsweise Entzugserscheinungen bei Entwöhnungskuren).

Die Induktion spielt eine Rolle, wenn man aus den Gemeinsamkeiten der bekannten Mitglieder einer Klientengruppe auf die Gesamtheit der Klientengruppe generalisiert,

(beispielsweise die Vermutung, daß sich alle ›Skinheads‹ ausländerfeindlich verhalten, weil jene, die man kennt, so auftreten).

Im Erkenntnisprozeß stehen Abduktion, Deduktion und Induktion nicht konkurrierend nebeneinander, sondern ergänzen sich gegenseitig und bauen aufeinander auf.

Wenn beispielsweise einige Zeichen zur Abduktion ›Altersschwachsinn‹ führten, können dann von dieser wissenschaftlich altbekannten, induktiv erforschten Begriffsklasse die anderen Merkmale der Begriffsklasse auf den Betroffenen deduziert werden – je nach Vertrauenswürdigkeit des theoretischen Fundaments als These oder als Hypothese.

Wenn die Abduktion zur Formulierung einer neuen Begriffsklasse führt, stellt sich anschließend die Frage, welche Eigenschaften die Elemente dieser neuen Klasse auszeichnen. Dazu bedarf es der Untersuchung einer die Klasse repräsentierenden Stichprobe und der nachfolgenden generalisierenden Induktion der gemeinsamen Merkmale auf die Gesamtheit aller Klassenelemente – mit einem Irrtumsrisiko, das mit der Größe der Stichprobe variiert und rechnerisch ermittelt werden kann (vgl. EBERHARD 1977, S. 58 ff.).

V. Der Zusammenhang zwischen den verschiedenen Erkenntniswegen

Die Vertreter der verschiedenen Erkenntniswege stehen zueinander entweder im Verhältnis der kämpferischen Konkurrenz oder der gegenseitigen Ignoranz, bestenfalls der wechselseitigen Toleranz, aber fast nie in einträchtiger Kooperation.

Die gesellschaftliche Aufgabenstellung der sozialen Berufe ist zu vielfältig, um den bornierten Einseitigkeiten der Wissenschaftstheoretiker folgen zu können. In den Studienordnungen für Sozialarbeiter und Sozialpädagogen sind Human- und Sozialwissenschaften (Psychologie, Soziologie, Politologie, Ökonomie, Pädagogik), Naturwissenschaft (Medizin), Mathematik (Statistik), historisch-dogmatische Wissenschaften (Rechtswissenschaft, Theologie) und Kunstwissenschaften (Sozialpädagogische Medien) vertreten. Es ist deshalb kein Zufall, daß der hier unternommene Versuch, die Erkenntnis- und Wissenschaftstheorie vielseitig, interdisziplinär, historisch und praxisorientiert darzustellen, nicht von der Philosophie kommt, sondern von der Theorie und Praxis der sozialen Berufe.

Ein kooperatives Verhältnis der verschiedenen Erkenntniswege kann sich in dem Maße entwickeln, wie sich im Wissenschaftsbetrieb ein Bewußtsein über ihre unterschiedlichen Potentiale durchsetzt. Dazu kann die historische Analyse helfen, denn aus ihr ergibt sich, auf welche Herausforderungen mit welchen Erkenntnisformen reagiert wurde. Daraus lassen sich Anregungen gewinnen, welchen heutigen Situationen welcher Erkenntnisweg angemessen ist.

Der mystisch-magische Erkenntnisweg hatte in vorgeschichtlichen Zeiten mutmaßlich die Funktion, den durch das Verlassen des tropischen Paradieses, durch den aufrechten Gang, durch die Frühgeburt und durch die Instinktarmut der primären Naturverbundenheit entfremdeten Frühmenschen eine sekundäre Verbundenheit mit der Natur und mit den Verstorbenen zu ermöglichen.

Heute sehen wir, daß eine rational-wissenschaftliche Naturerforschung die Distanz zur Natur vergrößert hat. Der Mensch ist sogar zu ihrem Zerstörer geworden, und nicht einmal die ebenfalls rational-wissenschaftlich vorhergesehene Selbstzerstörung kann ihn zur Umkehr bewegen.

Die mystisch-magische Einkehr wäre wahrscheinlich eine sinnvollere Reaktion. Jemand, der in der ›unio mystica‹ mit einem Baum die gegenseitige Beatmung körperlich, seelisch und geistig erlebte, hat eine tiefere existentielle Verbundenheit zur Natur, als derjenige, der von einem Biologen über ökologische Kreisläufe informiert wurde.

Auf mystisch-magisch orientierte Sozialpädagogen warten also gesellschaftlich wichtige Erziehungsaufgaben.

Unabhängig davon vermittelt kein anderer Erkenntnisweg ein so unmittelbares Erleben des Wesens eines anderen Menschen. Die analytische Tiefenpsychologie (besonders die von C. G. JUNG inspirierte) hatte durch das Ernstnehmen des Traumes eine wichtige Pionierfunktion. Das Einfühlen in Träume ist ein – wenn auch noch schwaches – Verbindungsglied zwischen akademischer Psychologie und mystisch-magisch orientierter Seelenkunde.

Der deduktiv-dogmatische Erkenntnisweg hatte die geschichtliche Aufgabe, durch Zentralisierung, Monopolisierung und schriftliche Fixierung der Weltanschauung bäuerische Sippen zu Großverbänden und schließlich zu Staaten zusammenzuschließen. Der deduktiv-dogmatische Erkenntnisweg ist der bäuerischen Ökonomie besonders angemessen, die ihre Existenz mehr der Orientierung an alten, allmählich gewachsenen Traditionen verdankt als der jeweils persönlichen Erfahrung.

Es nimmt sicher nicht wunder, daß der deduktiv-dogmatische Erkenntnisweg auch in der Gegenwart gerade im sozialen Bereich eine große Bedeutung hat. Die gemeinsame deduktiv-dogmatische Orientierung an den staatlichen Gesetzen gewährleistet eine überregionale staatliche Reaktion auf soziale Notlagen.

Der nicht sehr risikofreudige deduktiv-dogmatische Sozialarbeiter beschränkt sich darauf, festzustellen, ob sein Klient vorgefertigte gesetzliche Tatbestände erfüllt und deduziert daraus die vorgeschriebenen Konsequenzen. Führen diese nicht zum Erfolg bzw. verschlimmert sich die Situation, wird die dafür gesetzlich vorgesehene weitere Maßnahme durchgeführt.

Wer so Sozialarbeit leistet, wird mit seinen Vorgesetzten, mit den überprüfenden Gerichten und mit der veröffentlichten Meinung keine existenzgefährdenden Probleme haben.

Die Existenz der Bauern hat eine leicht durchschaubare Bedeutung für die Gesamtgesellschaft. Hingegen ist ein analoger Zusammenhang zwischen der Existenz der Sozialarbeiter und der Existenz der Gesellschaft weniger evident.

Je nachdem, ob man unsere Gesetzgebung für eine vernünftige Deduktion aus dem verfassungsrechtlichen Sozialstaatsgebot hält oder nicht, wird man die Legitimation des deduktiv-dogmatischen Erkenntnisweges in der Sozialpraxis beurteilen. Aber auch der Skeptiker kommt nicht umhin, die deduktiv-dogmatische Ableitung von Rechtsfolgen aus Gesetzen beherrschen zu müssen.

Genauer betrachtet, bereitet der abduktive Teil des deduktiv-dogmatischen Erkenntnisweges in der sozialen Praxis mehr Probleme als der eigentlich deduktive, denn die Deduktion ist im allgemeinen im Gesetz oder durch zusätzliche Rechtsverordnungen und Verfügungen vorgeschrieben; nicht vorschreibbar ist die jeweils singuläre abduktive Zuordnung des realen Sachverhalts zum gesetzlichen Tatbestand.

Der induktiv-empiristische Erkenntnisweg ist der Erkenntnisweg der Handwerker und Kaufleute. Der handwerkliche Umgang mit der anorganischen Materie spielt in der sozialen Praxis keine Rolle, aber das kaufmännische Spiel mit Angebot und Nachfrage ist in der Sozialpädagogik bedeutungsvoller, als es dem Selbstverständnis der dort Tätigen recht ist.

Beispielsweise ist die öffentliche und private Jugendarbeit voll von Werbeangeboten, die mit denen der kommerziellen Jugendindustrie in harter Konkurrenz um die Jugendlichen stehen (z.B. die Angebote im Bereich der Jugendfreizeitheime, der Jugendreisen und der Jugendsportförderung). Im Rahmen eines nicht immer lauteren Wettbewerbs werden sogar die erfolgreichen Geschäftspraktiken der kommerziellen Anbieter plagiiert (z.B. ›Rock für den Frieden‹, ›Jazz für Jesus‹ etc.). Es wird auch mit den Mitteln des induktiv-empiristischen Erkenntnisweges ›Marktforschung‹ getrieben. Man lockt die Jugendlichen mit dem, was aus eigener und fremder Erfahrung erfolgreich ist.

Vertrauen in die Anwendung des induktiv-empiristischen Erkenntnisweges im sozialen Bereich wird man in dem Maße aufbringen, wie seine methodologischen Regeln eingehalten werden.

Da die Interpretation der Befunde sich im allgemeinen nicht auf die generalisierende Induktion von der Stichprobe auf die Grundgesamtheit beschränkt, sondern hermeneutische, d.h. abduktive Zuordnungen enthält, muß auch die Logik der Abduktion beachtet werden.

Der deduktiv-theoriekritische Erkenntnisweg ist zur Zeit der Königsweg des Wissenschaftsbetriebes, weil er die in der gegenwärtigen spätkapitalistischen Industriegesellschaft herrschende Ambivalenz zwischen empiristischem Vertrauen und empiristischer Skepsis am besten repräsentiert. Die imperialistische bzw. internationalistische Integration fremder Kulturen erfordert pluralistische Offenheit, die andererseits zur Selbstverunsicherung und erhöhter gegenseitiger Kontrolle führt.

In einer analogen Situation befindet sich der Sozialpädagoge im Umgang mit den unterschiedlichen Subkulturen. Konfrontiert mit immer neuen subkulturellen Episoden (›Jugendkrawalle‹, ›Gruppennotzuchtdelikte‹, ›skeptische Generation‹, ›außerparlamentarische Opposition‹, ›Straßenkampf‹, ›anarchistischer Terrorismus‹, ›Hausbesetzungen‹, ›Drogenmißbrauch‹, ›Nihilismus‹, ›Jugendsekten‹, ›Gewaltkriminalität‹), kann der Sozialpädagoge meist nicht auf eigene oder fremde Erfahrungen zurückgreifen, sondern muß mit phänomenalen, kausalen und aktionalen Hypothesen beginnen und sie der nachgehenden empirischen Kontrolle unterziehen.

Da im sozialen Bereich statt der für den deduktiv-theoriekritischen Erkenntnisweg typischen Labor-Experimente nur Feldforschung in Betracht kommt, hängt die Beurteilung der Bewährung der Hypothesen von deutenden Diagnosen des komplexen Feldgeschehens und mithin deren Glaubwürdigkeit von der Beachtung der Abduktionsregeln ab.

Der dialektisch-materialistische Erkenntnisweg wird immer dort aktuell, wo der Verdrängung innerer Widersprüche aufklärerische Analyse entgegengesetzt wird, denn für ihn sind die individuellen, kollektiven und gesellschaftlichen Widersprüche potentiell vorantreibende Bewegungskräfte; er fordert deshalb zur Parteinahme für die unterdrückte Seite des Widerspruchs heraus.

Da wir es im sozialen Bereich mit unterdrückten Teilen der gesellschaftlichen Widersprüche täglich zu tun haben und da auch die einzelnen Menschen (Klienten und Berufstätige des sozialen Feldes) mit unbewußten bzw. unakzeptierten inneren Widersprüchen belastet sind, liegt hier die Anwendung des dialektisch-materialistischen Erkenntnisweges eigentlich nahe.

Daß der dialektisch-materialistische Erkenntnisweg dennoch weit davon entfernt ist, der Königsweg der sozialen Berufe zu sein, liegt unter anderem daran, daß er die persönlichen Verdrängungen der sozial Tätigen und ihre Loyalität zu ihren Auftraggebern gefährden könnte.

Der Erkenntnisweg der Aktionsforschung tritt in Funktion, wenn Wissenschaftler, Sozialpraktiker und Bürger vor gemeinsamen Problemen stehen, deren Lösung keinen längeren Aufschub verträgt, wenn also zwischen Problem und Praxis nicht jahrelange Forschungszeiten eingeschoben werden können. Dann läßt sich die Glaubwürdigkeit nicht aus der Akribie der Forschungsmethoden gewinnen, sondern aus der für die Beteiligten ersichtlichen optimalen Ausnutzung der kollektiven Denkfähigkeit. Die Art der kommunikativen Vernetzung der individuellen Denktätigkeiten entscheidet über die Glaubwürdigkeitserlebnisse der miteinander Handelnden.

Die Aktionsforschung nutzt mehr als alle anderen Erkenntniswege die abduktiven Fähigkeiten des Menschen:

– Dadurch, daß die Aktionsforschung den Erkenntnissuchenden in die Problemsituation hineinstellt, gibt sie ihm Gelegenheit, die für die Validität der Abduktion notwendige, möglichst große Merkmalsmenge je Erkenntnisgegenstand wahrzunehmen.
– Die kollektive Zusammenarbeit der Aktionsforscher steigert die für die Treffsicherheit der Abduktion wichtige Menge der wahrgenommenen Situationseigenschaften – mehr Augen sehen mehr.
– Die persönliche Abhängigkeit des Aktionsforschers von der richtigen Analyse und Strategie erhöht seine Wahrnehmungsmotivation.
– Die für die Abduktion erforderliche unmittelbare Gültigkeitskontrolle per Merkmalsvorhersage und überprüfender Rückkoppelung wird durch die Präsenz des Problemfeldes erleichtert und durch die aktionalen Interessen geradezu erzwungen.

Wer wie MOSER verständliche Skepsis gegenüber der von HABERMAS proklamierten ›idealen Sprechsituation‹ hegt und nach einer besseren wissenschaftstheoretischen Legitimation fahndet, könnte sie also in der Abduktions-Logik finden. LEWIN, der Begründer der wissenschaftlichen Aktionsforschung, suchte die Lösung genau in dieser Richtung.

»Auf der einen Seite befasse sich die Wissenschaft mit Gesetzen, mit der Beziehung zwischen möglichen Voraussetzungen und möglichen Folgen, die in Wenn-Dann-Sätzen ausgedrückt würden. Daneben gebe es einen zweiten, davon abgehobenen Bereich der Sozialforschung, die Diagnose:

›Um richtig zu handeln, genügt es jedoch nicht, wenn der Ingenieur oder der Chirurg die allgemeinen Gesetze der Physik oder Physiologie kennt. Er muß auch den besonderen Charakter der vorliegenden Situation kennen. Dieser Charakter wird durch die wissenschaftliche Tatsachenfindung bestimmt, die Diagnose heißt. Für jedes Betätigungsfeld sind beide Formen wissenschaftlicher Forschung nötig.‹ (LEWIN, 1953, S. 282)« (zitiert nach MOSER, 1978, S. 50)

Daß MOSER, der auf seiner spannenden Suche nach einer tragfähigen wissenschaftstheoretischen Grundlage für die Aktionsforschung zwischen den Zweifeln an POPPER einerseits und an HABERMAS andererseits zielsicher auf LEWIN stößt, dann aber unter Berufung auf POPPER (!) LEWINs hellsichtiges Diagnose-Konzept als »naiven Induktionismus« verkennt (MOSER, a.a.O., s. 51), statt den nächsten, für einen sprachphilosophisch so bewußten Erkenntnistheoretiker eigentlich naheliegenden Schritt zu PEIRCE und dessen semiotischer Abduktions-Logik zu finden, ist geradezu schmerzlich.

Zusammenfassend können wir feststellen, daß es im sozialen Arbeitsfeld nicht darauf ankommt, einen bestimmten Erkenntnisweg auf Kosten der anderen zu favorisieren, sondern daß alle je nach Situation benötigt werden und immer wieder neu zwischen ihnen zu entscheiden ist. Darüber hinaus kann es Aufgabenstellungen geben, die die Nutzung mehrerer Erkenntnisformen zugleich herausfordern.

Vor allen Dingen ist eine Verbindung analytisch-naturwissenschaftlicher Forschungsprinzipien mit hermeneutischer Deutungsarbeit auf der Basis der semiotischen Abduktions-Logik dringend erforderlich.

Die Glaubwürdigkeit der Erkenntnisse hängt davon ab, daß die hohen Ansprüche der verschiedenen Erkenntniswege eingelöst werden. Darüber hinaus geht es nicht nur um erkenntnistheoretische und methodologische Ansprüche, sondern auch um Persönlichkeitshaltungen:
Ein Sozialpraktiker wird wie jeder andere Mensch an Glaubwürdigkeit gewinnen,
– wenn er Auskunft geben kann über seine Denkvoraussetzungen;
– wenn er sie nicht dogmatisch, sondern hypothetisch vertritt;
– wenn er berücksichtigt, daß sein Denken durch bewußte und unbewußte Bedürfnisse beeinflußt wird;
– wenn er gegnerische Auffassungen ernst nimmt;
– wenn er nach hypothesenwidrigen Fakten sucht;

- wenn er die Wahrscheinlichkeit der Selbstwiderlegung durch geeignete Kommunikationsformen steigert;
- wenn er die Aufdeckung eigener Irrtümer als Lernchance begrüßt;
- wenn er sich als lernfähig erweist;
- wenn er das Gelernte in Verhalten umsetzt;
- *wenn er sich also intensiv um Wahrhaftigkeit bemüht.*

Literatur

Adorno, T. et al.: Der Positivismusstreit in der deutschen Soziologie. Neuwied 1969

Aichhorn, A.: Verwahrloste Jugend. 5. Aufl., Stuttgart 1965

Alexis, M. u. Wilson, C. Z.: Organizational Decision Making. Englewood Cliffs 1967

Aristoteles: Topik (Organon V). Hamburg 1968

Bahro, R.: Die Alternative. Köln 1977

Bandler, R. u. Grinder, J.: Metasprache und Psychotherapie. Paderborn 1981

Bentele, G. u. Bystrina, I.: Semiotik. Berlin 1978

Betti, E.: Allgemeine Auslegungslehre als Methodik der Geisteswissenschaften. Tübingen 1967

Betti, E.: Die Hermeneutik als allgemeine Methodik der Geisteswissenschaften. 2. Aufl., Tübingen 1972

Bochenski, I.: Die zeitgenössischen Denkmethoden. 8. Aufl., München 1980

Borneman, E.: Das Patriarchat. Frankfurt a. M. 1975

Bortz, J.: Lehrbuch der empirischen Forschung. Berlin, Heidelberg 1984

Bortz, J.: Statistik für Sozialwissenschaftler. 2. Aufl., Berlin, Heidelberg 1985

Boyd, D.: Rolling Thunder. München 1978

Brandt, A. von: Werkzeug des Historikers. 10. Aufl., Stuttgart, Berlin 1983

Brenner, C.: Praxis der Psychoanalyse. Frankfurt a. M. 1979

Brim, O.: Sozialisation im Lebenslauf. In Brim u. Wheeler: Erwachsenensozialisation, Stuttgart 1966

Buber, M.: Ekstatische Konfessionen. Hg. v. Mendes-Flohr, P. 5. Aufl., Heidelberg 1984

Bühler, C.: Der menschliche Lebenslauf als psychologisches Problem. Leipzig 1933

Bundesgerichtshof u. Bundesanwaltschaft (Hg.): Entscheidungen des Bundesgerichtshofs in Strafsachen. Köln 1958, 1959, 1975

Campbell, D. T.: Methodological suggestions from a comparative psychology of knowledge processes. In: Inquiry H. 2, 1959

Caplan, G.: Principles of Preventive Psychiatry. New York 1964

Castaneda, C.: Reise nach Ixtlan. Frankfurt a. M. 1972

Charon, J.: Der Geist der Materie. Frankfurt a. M. 1982

Chisholm, R. M.: Erkenntnistheorie. München 1979

Claessens, D. et al.: Jugendlexikon Gesellschaft – Einfache Antworten auf schwierige Fragen. Hamburg 1976

Clauß, G. et al.: Wörterbuch der Psychologie. Leipzig 1976

Cohn, R.: Von der Psychoanalyse zur themenzentrierten Interaktion. Stuttgart 1975

Diemer, A.: Phänomenologie. In Diemer, A. u. Frenzel, I.: Philosophie. Frankfurt a. M. 1958

Dilthey, W.: Die Entstehung der Hermeneutik. Ges. Schriften Bd. 5

Dohrenwend, B. S. u. Dohrenwend, B. P.: Class and race as status related sources of stress. In: Levine u. Scotch Hg.: Social stress. Chicago 1970

Dollard, J. et al.: Frustration und Aggression. Weinheim 1970

Dorsch, F.: Psychologisches Wörterbuch. Hamburg 1970

Duncker, K.: Zur Theorie des produktiven Denkens. 2. Aufl., Berlin 1963

Dux, G.: Die Logik der Weltbilder. Frankfurt a. M. 1982

Eberhard, K.: Dimensionierung der Verwahrlosung. In: Praxis der Kinderpsychologie, Heft 3, 1969 (b)

Eberhard, K.: Merkmalssyndrome der Verwahrlosung. In: Praxis der Kinderpsychologie, Heft 2, 1969 (a)

Eberhard, K.: Die Kausalitätsproblematik in der Wissenschaftstheorie und in der sozialen Praxis. In: Archiv für Wissenschaft und Praxis der sozialen Arbeit. Heft 2, 1973

Eberhard, K.: Einführung in die Wissenschaftstheorie und Forschungsstatistik für soziale Berufe. 2. Aufl., Neuwied 1977

Eberhard, K.: Forschung. In: Kreft, D. u. Mielenz, I.: Wörterbuch sozialer Arbeit. Weinheim 1980

Eberhard, K., u. Eberhard, G.: Intensivpädagogisches Programm. In: Pflegekinder 2/1986

Eberhard, K. u. Kohlmetz, G.: Verwahrlosung und Gesellschaft. Göttingen 1973

Elder, G.: Children of great depression. In: Univ. of Chicago Press 1974

Esser, H.: Wissenschaftstheorie. Stuttgart 1977

Eysenck, H. J. u. Rachmann, S.: Neurosen – Ursachen und Heilmethoden. Berlin 1968

Eysenck, H. u. Wilson, G. D.: An Objective Study of Freudian Theories. London 1973

Faber, K.: Theorie der Geschichtswissenschaft. 5. Aufl., München 1982

Fester, R. et al.: Weib und Macht. Frankfurt a. M. 1978

Feyerabend, P.: Wider den Methodenzwang. Frankfurt a. M. 1976

Filmer, P.: On Harrold Garfinkel's ethnomethodology. In: Filmer, P.: New Directions in Sociological Theory. London 1972

Foppa, K.: Lernen, Gedächtnis, Verhalten. Köln, Berlin 1969

Foucault, M.: Die Logik des Diskurses. München 1974

Frank, J.: Die Heiler. Stuttgart 1981

Freud, S.: Zur Psychopathologie des Alltagslebens. 1904, Frankfurt a. M. 1954

Gadamer, H.: Wahrheit und Methode. 2. Aufl., Tübingen 1965

Gadamer, H. u. Boehm, G. (Hg.): Seminar: Die Hermeneutik und die Wissenschaften. Frankfurt a. M. 1978

Garfinkel, H.: Studies in Ethnomethodology. Englewood Cliffs 1967

Garfinkel, H.: Remarks on ethnomethodology. In: Gumperz, J. u. Hymes, D. (Hg.): Directions in Sociolinguistics. New York 1972

Gatzemeier, M.: Grundsätzliche Überlegungen zur rationalen Argumentation. In: Künzli (Hg.): Curriculumsentwicklung – Begründung und Legitimation. München 1975

Gehlen, A.: Anthropologische Forschung. Hamburg 1967

Gillman, J.: Das Gesetz des tendenziellen Falls der Profitrate. Frankfurt a. M. 1969

Glueck, S. u. Glueck, E.: Unraveling juvenile delinquency. Cambridge (Mass.) 1957

Göttner-Abendroth, H.: Die Göttin und ihr Heros. München 1980

Graumann, C. F. (Hg.): Denken. Köln, Berlin 1965

Greiff, B. v.: Gesellschaftsform und Erkenntnisform. 2. Aufl., Frankfurt a. M. 1977

Grünert, H. et al.: Geschichte der Urgesellschaft. Berlin 1982

Haag, F. et al.: Aktionsforschung, Forschungsstrategien, Forschungsfelder und Forschungspläne. München 1972

Habermas, J.: Theorie und Praxis. Neuwied 1971

Habermas, J.: Erkenntnis und Interesse. Frankfurt a.M. 1973

Habermas, J.: Theorie des kommunikativen Handelns. Frankfurt a.M. 1981

Hartmann, K.: Theoretische und empirische Beiträge zur Verwahrlosungsforschung. 2. Aufl., Heidelberg 1977

Hartmann, K. u. Eberhard, K.: Legalprognosetest für dissoziale Jugendliche. Göttingen 1972

Hegel, G.: Phänomenologie des Geistes. 1807

Heidegger, M.: Sein und Zeit. 11. Aufl., Tübingen 1965

Hempel, C., Oppenheim, P.: Studies in the Logic of explanation. In: Philosophy of science XV, 1948, S. 137 ff.

Hill, R. u. Crittenden, K.: Proceedings of the Purdue Symposium on Ethnomethodology. Lafayette 1968

Hirsch, E. D.: Prinzipien der Interpretation. München 1972

Hoffmann, B.: Handbuch des autogenen Trainings. 3. Aufl., München 1981

Hoffmeister, J.: Wörterbuch der philosophischen Begriffe. 2. Aufl., Hamburg 1955

Hofstätter, P. R.: Gruppendynamik. Hamburg 1957

Hofstätter, P. R.: Psychologie. Frankfurt a.M. 1965

Hopf, C. u. Weingarten, E. (Hg.): Qualitative Sozialforschung. Stuttgart 1979

Hübner, K.: Kritik der wissenschaftlichen Vernunft. 2. Aufl., Freiburg 1979

Hufnagel, E.: Einführung in die Hermeneutik. Stuttgart 1976

Jonas, W. et al.: Die Produktivkräfte in der Geschichte. Berlin 1969

Kamlah, W. u. Lorenzen, P.: Logische Propädeutik. 2. Aufl., Mannheim, Wien, Zürich 1985

Kässer, W.: Wahrheitserforschung im Strafprozeß. Berlin 1974

Keller, A.: Allgemeine Erkenntnistheorie. Stuttgart, Berlin, Köln, Mainz 1982

Kirsch, W.: Entscheidungsprozesse. Bd. II: Informationsverarbeitungstheorie des Entscheidungsverhaltens. Wiesbaden 1971

Klaus, G.: Semiotik und Erkenntnistheorie. Berlin 1969

Klaus, G.: Moderne Logik. 6. Aufl., Berlin 1972

Klaus, G. u. Buhr, M.: Philosophisches Wörterbuch. 8. Aufl., Leipzig 1971

Kluge, F.: Etymologisches Wörterbuch der deutschen Sprache. 20. Aufl., Berlin 1967

Kohli, M. (Hg.): Soziologie des Lebenslaufs. Darmstadt u. Neuwied 1978

Kohli, M.: Lebenslauftheoretische Ansätze in der Sozialisationsforschung. In: Hurrelmann u. Ulich (Hg.): Handbuch der Sozialisationsforschung. Weinheim, Basel 1980

Kondakow, N.: Wörterbuch der Logik. 2. Aufl., Leipzig 1983

Kopperschmidt, J.: Allgemeine Rhetorik. 2. Aufl., Stuttgart, Berlin 1976

Krings, H. et al.: Handbuch philosophischer Grundbegriffe. München 1973

Kropotkin, P.: Gegenseitige Hilfe in der Tier- und Menschenwelt (1902). Frankfurt a.M. 1976

Kuhn, T.: Die Entstehung des Neuen. Frankfurt a.M. 1977

Kuhn, T.: Die Struktur wissenschaftlicher Revolutionen. 2. Aufl., Frankfurt a.M. 1976

Kutschera, F. v.: Grundfragen der Erkenntnistheorie. Berlin, New York 1982

Lagache, D.: Psychoanalyse. Humboldt 1971

Lakatos, I.: Falsification and the methodology of scientific research programs. In: Lakatos u. Musgrave (Hg.): Criticism and the growth of knowledge. Cambridge 1970

Leavitt, H. J. u. Pondy, L. R. (Hg.): Readings in Managerial Psychology. Chicago, London 1964

Leinfellner, W.: Einführung in die Erkenntnis- und Wissenschaftstheorie. Mannheim 1965

Lewin, K.: Die Lösung sozialer Konflikte. Bad Nauheim 1953

Lindemann, E.: Symptomatology and management of acute grief. American Journal of Psychiatry, 1944, S. 101

Lorenz, K.: Die Rückseite des Spiegels. München 1973

Lorenzer, A.: Sprachzerstörung und Rekonstruktion. Vorarbeiten zu einer Metatheorie der Psychoanalyse. Frankfurt a. M. 1970

Meran, J.: Theorien in der Geschichtswissenschaft. Göttingen 1985

Mertens, W.: Psychoanalyse. Stuttgart, Berlin 1981

Morgan, E.: Der Mythos vom schwachen Geschlecht. Düsseldorf, Wien 1972

Morris, D.: Der nackte Affe. Zürich 1968

Moser, H.: Aktionsforschung als kritische Theorie der Sozialwissenschaften. München 1975

Moser, H.: Methoden der Aktionsforschung. München 1977

Moser, H.: Praxis der Aktionsforschung. München 1977

Müller, R.: Geld und Geist. Frankfurt a. M. 1977

Nietzsche, F.: Gesammelte Werke, Bd. XIV. München 1922

Nöth, W.: Semiotik. Tübingen 1975

Oehler, K.: Idee und Grundriß der Peirceschen Semiotik. In: Krampen, M. et al.: Die Welt als Zeichen. Berlin 1981

Oevermann, U. et al.: Die Methodologie einer »objektiven Hermeneutik« und ihre allgemeine forschungslogische Bedeutung in den Sozialwissenschaften. In: Soeffner, H. G. (Hg.): Interpretative Verfahren in den Sozial- und Textwissenschaften. Stuttgart 1979

Opp, K. D.: Methodologie der Sozialwissenschaften. Hamburg 1970

Papus, L.: Tarot der Zigeuner. Meisenheim 1981

Peirce, C. S.: Phänomen und Logik der Zeichen. Frankfurt a. M. 1983

Perelman, C.: Logik und Argumentation. Königstein 1979

Perelman, C.: Das Reich der Rhetorik. München 1980

Perrez, M.: Ist die Psychoanalyse eine Wissenschaft? Bern, Stuttgart, Wien 1972

Piaget, J.: Einführung in die genetische Erkenntnistheorie. Frankfurt a. M. 1973

Piaget, J. u. Inhelder, B.: Die Psychologie des Kindes. München 1986

Pirsig, R. M.: Zen und die Kunst ein Motorrad zu warten. Frankfurt a. M. 1976

Popper, K.: Conjectures and Refutations. London 1963

Popper, K.: Logik der Forschung. 4. Aufl., Tübingen 1971

Portmann, A.: Zoologie und das neue Bild des Menschen. Hamburg 1956

Prauss, G.: Einführung in die Erkenntnistheorie. Darmstadt 1980

Riegel, K. F.: Psychologie, mon amour. Ein Gegentext. München 1981

Rohr, S.: Die Zeichentheorie von Ch. S. Peirce als mögliche Grundlage der Interpretation literarischer Texte. Unveröffentl. Manuskript 1986

Sack, F.: Neue Perspektiven in der Kriminologie. In: Sack, F. u. König, R.: Kriminalsoziologie. Frankfurt a. M. 1968

Sack, F.: Definition von Kriminalität als politisches Handeln. In: Krim. Journ. 1972, S. 3 ff.

Sarstedt, W.: Beweisregeln im Strafprozeß. In: Berliner Festschrift für Ernst E. Hirsch. Berlin 1968

Schleiermacher, F.: Hermeneutik. Hg. Kimmerle. Heidelberg 1959

Schlosser, O.: Einführung in die sozialwissenschaftliche Zusammenhangs-analyse. Hamburg 1976

Schmidt, H. u. Schischkoff, G.: Philosophisches Wörterbuch. 18. Aufl., Stuttgart 1969

Sebeok, A. u. Umiker-Sebeok, E.: Charles S. Peirce und Sherlock Holmes. Frankfurt a. M. 1982

Seiffert, H.: Einführung in die Wissenschaftstheorie, 8. Aufl., München 1983

Seligman, M.: Erlernte Hilflosigkeit. München, Wien 1979

Skinner, B. F.: Critique of psychoanalytic concepts and theories. In: Feigl, H. u. Sciven, M. (Hg.): Minnesota Studies in the Philosophy of Science, Bd. 1, Minneapolis 1956, S. 77–101

Spinner, H.: Zeichen, Text, Sinn. Göttingen 1977

Spranger, E.: Lebensformen. 7. Aufl., Halle 1930

Stegmüller, W.: Probleme und Resultate der Wissenschaftstheorie und ana-lytischen Philosophie. Berlin, Heidelberg 1969

Stern, C. u. Stern, W.: Monographien über die seelische Entwicklung eines Kindes. Leipzig 1904

Thiel, J.: Grundbegriffe der Ethnologie. 4. Aufl., Berlin 1983

Thomae, H. (Hg.): Handbuch der Psychologie. Göttingen 1959

Trabant, J. (Hg.): Über die Sprache. München 1985

Weber, M.: Politik als Beruf. 5. Aufl., Berlin 1968

Weingarten, E. u. Sack, F.: Ethnomethodologie – Beiträge zu einer Soziolo-gie des Alltagshandelns. Frankfurt a. M. 1976

Weizsaecker, K. F. u. Krishna, G.: Biologische Basis der Glaubenserfah-rung. 2. Aufl., Göttingen 1973

Wellhöfer, P.: Grundstudium Sozialwissenschaftliche Methoden und Ar-beitsweisen. Stuttgart 1984

Wetzel, M.: Erkenntnistheorie. München 1978

Wilber, K. (Hg.): Das holographische Weltbild. München 1986

Witte, E.: Phasen-Theorem und Organisation komplexer Entscheidungs-verläufe. In: ZfbF 1968, S. 625 ff.

Wittgenstein, L.: Tractatus logico-philosophicus. Logisch-philosophische Abhandlungen. Frankfurt a. M. 1966 (Ersterscheinung 1921)

Wittling, W. (Hg.): Handbuch der klinischen Psychologie. Hamburg 1980

Wright, G.: Erklären und Verstehen. 2. Aufl., Königstein 1984

Autorenverzeichnis

Abel 65
Adenauer, K. 112
Adorno, T. 93, 99
Aichhorn, A. 26
Alexis, M. 108
Aristoteles 21, 30 f., 123

Bachofen, J. 61
Bahro, R. 68
Bandler, R. 25 f.
Bateson, G. 25
Bentele, G. 137
Bernheim, E. 111
Betti, E. 87, 97
Bochenski, I. 32, 124
Boehm, G. 93, 98
Borneman, E. 48
Bortz, J. 36
Boyd, D. 26, 29
Brandt, A. v. 111
Brenner, C. 116 ff., 119
Brim, O. 100
Buber, M. 24 f., 29
Bühler, C. 100
Buhr, M. 22, 46, 51, 70, 82, 88, 89, 119, 122
Bystrina, I. 137

Campbell, D. T. 58
Caplan, G. 100
Carnap, R. 37
Castaneda, C. 82
Charon, J. 47
Chisholm, R. M. 12 f.
Claessens, D. 20
Clauß, G. 87 f.
Cohn, R. 55
Comte, A. 37
Coquet, J.-C. 123
Crittenden, K. 103

Darwin, C. 30
Diemer, A. 22, 89
Dilthey, W. 86, 97
Dohrenwend, B. P. 100
Dohrenwend, B. S. 100
Dollard, J. 39, 83
Dorsch, F. 87
Droysen, J. G. 110 ff., 115
Duncker, K. 108

Eberhard, G. 56
Eberhard, K. 13, 18 f., 35, 46, 51, 56, 92, 129, 142
Eco, U. 123

Einstein, A. 44
Elder, G. 100
Empedokles 31
Engels, F. 46, 61, 64
Erikson, M. H. 25
Esser, H. 81, 89, 104
Eysenck, H. J. 116

Faber, K. 81, 93
Fester, R. 61
Feuerbach, A. 46
Feyerabend, P. 45, 93
Filmer, P. 103
Fisch, M. H. 123
Flasch, K. 89
Foppa, K. 108
Foucault, M. 57
Frank, J. 25
Frenzel, I. 22
Freud, S. 26, 31, 49, 67, 115 f., 119

Gadamer, H. 81, 93, 97 f.
Galen, G. 123, 127
Galilei, G. 30
Garfinkel, H. 103 f.
Gatzemeier, M. 54
Gehlen, A. 60
Gillmann, J. 50
Glueck, E. 43
Glueck, S. 43
Göttner-Abendroth, H. 61
Grabner-Haider, A. 122
Graumann, C. F. 108
Grinder, J. 25 f.
Grünert, H. 63 f., 66 f.

Haag, F. 51
Habermas, J. 52 f., 57, 81, 93, 97 f., 104, 147 f.
Haeckel, E. 76
Hardy, A. C. 61
Harnoncourt 98
Hartmann, K. 20, 35, 92
Hegel, G. 36, 46, 97, 110
Heidegger, M. 97
Hempel, C. 86
Heraklit 46
Hermes, H. 122
Hertz, H. 29
Hill, R. 103
Hippokrates 123, 127
Hirsch, E. D. 97, 135
Hoffmann, B. 25
Hoffmeister, J. 22 f., 81, 87 ff., 110, 134
Hofstätter, P. R. 78, 108

Homan, G. C. 45
Hopf, C. 101
Hübner, K. 89, 93, 113 f.
Hufnagel, E. 134
Humboldt, W. v. 113

Inhelder, B. 79

Jesus von Nazareth 25, 76
Jonas, W. 65, 94 f.
Joseph 67
Jung, C. G. 26, 119, 144

Kain 65
Kamlah, W. 32
Kässer, W. 107 f.
Keller, A. 13
Kessler, B. 100
Kirsch, W. 108
Klaus, G. 22, 32, 46, 51, 70, 81, 88 f., 119, 122, 124
Kluge, F. 88
Knilli, F. 122
Koch, W. 123
Kohli, M. 100
Kohlmetz, G. 46
Köller, W. 119
Kondakow, N. 21, 88 f.
Kopernikus, N. 26
Kopperschmidt, J. 31
Krings, H. 22, 81, 88 f.
Krishna, G. 57
Kropotkin, P. 76
Kuhn, T. 45, 93
Kutschera, F. v. 13

Lagache, D. 117
Lakatos, I. 114
Leavitt, H. J. 108
Leinfellner, W. 86
Lessing, G. 33
Lewin, K. 52, 76, 147 f.
Lindemann, E. 100
Locke, J. 123
Lorenz, K. 18, 58
Lorenzen, P. 32
Lorenzer, A. 116
Lukas 25
Luther, M. 69, 82

Madison 98
Mao Tse Tung 49
Marx, K. 31, 46, 50, 61
Maxwell, J. C. 29
Mechthild von Magdeburg 24
Meister Eckhardt 24
Mendes-Flohr, P. 29
Meran, J. 110, 111
Mertens, W. 116
Metz, C. 122
Mill, J. S. 37

Miller, N. E. 39, 83
Monod 58
Morgan, E. 61
Morgan, L. H. 61
Morris, D. 61
Mose 67
Moser, H. 53, 57 f., 147 f.

Nathan der Weise 33
Neurath, O. 37
Newton, I. 26
Nietzsche, F. 28
Noelle-Neumann, E. 35
Nohl, H. 86
Nöth, W. 123

Oehler, K. 123
Oevermann, U. 101 f., 103
Opp, K. D. 21, 46
Oppenheim, P. 86

Papus, L. 25
Pascal, B. 26
Peirce, C. S. 26, 123 ff., 130, 134 f., 137, 148
Perelman, C. 31
Perls, F. 25
Perrez, M. 116
Piaget, J. 58, 79
Pirsig, R. M. 55, 56
Platon 123
Plessner, H. 84 f.
Pondy, L. R. 108
Popper, K. 36 f., 44, 70, 89, 116, 129, 148
Portmann, A. 61
Prauss, G. 13

Reichenbach, H. 37
Riegel, K. F. 78
Rohr, S. 137
Rolling Thunder 26
Ruesch, J. 123

Sack, F. 41, 43, 103
Sarstedt, W. 105
Satir, V. 25
Schaeffler, R. 81, 88
Schischkoff, G. 81, 87 ff.
Schleiermacher, F. 97, 134
Schlick, M. 37
Schlosser, O. 129
Schmidt, C. 64
Schmidt, H. 81, 87 ff.
Sebeok, T. A. 123 ff., 135
Seiffert, H. 84, 85
Seligman, M. 136
Shands, H. C. 123
Siegfried von Xanten 33
Skinner, B. F. 116
Spinner, H. 137
Spinoza, B. 26

Spranger, E. 86 f.
Stegmüller, W. 85
Stern, C. 100

Thiel, J. 63
Thomae, H. 100
Trabant, J. 113, 123

Umiker-Sebeok, J. 123 ff., 135

Vollmer 58

Weber, M. 26

Weingarten, E. 101, 103
Weizsäcker, K. F. v. 57
Wellhöfer, P. 13
Wetzel, M. 13
Wieland der Schmied 33
Wienhold, G. 123
Wilber, K. 26
Wilson, C. Z. 108
Wilson, G. D. 116
Witte, E. 108
Wittgenstein, L. 25
Wittling, W. 100
Wright, G. 87

Sachwortverzeichnis

Abduktion 12, 124 ff., 138, 145 ff.
Ackerbau 65 ff.
action research 51
Aktionale Theorie 20
Aktionales Erkenntnisinteresse 13, 15,
  19, 52, 94, 121, 139 f., 141, 146
Aktionsforschung 12, 51 ff., 75 f., 78 f.,
  83, 97, 147 f.
Analytische Wissenschaftstheorie 85 ff.,
  92 ff., 96, 99, 114, 116, 120, 125
Analytisches Denken 138
Anarchie 73 ff.
Anarchistische Erkenntnistheorie 45
Androgynie 75
Antithese 36
Äquivalenzprinzip 96
Archäologie 112 f.
Aristokratie 66, 68
Aristotelismus 110
Artbildender Unterschied 21, 90
Aufklärung 29, 110
Aufrechter Gang 60 f.
Auslegung 81 ff.
Automatisierung 74
Autoritäten zitieren 31
Axiom 30

Basissatz 88 ff., 94, 112, 120, 129 f., 141
Basissatzproblem 89, 129
Bäuerischer Sippenverband 33, 64 ff., 144
Bedeutungssinn 88, 119, 140
Begriff 20 f., 34, 38 f., 41, 82, 96, 124, 138
Begriffsanalyse 38
Begriffsdefinition 96
Behaviorismus 49, 140
Beobachtung 17, 82, 89, 124, 126
Beschreibender Satz 127, 133
Bestätigung 42

Bevölkerungsdichte 66
Beweismittel 105
Beweisregel 105
Beweiswürdigung 105 f., 109
Bibel 25, 30, 67, 82 f., 121
Biogenese 58

causa finalis 19, 91
Cluster-Analyse 129
Computer 74, 134

Darstellungsformen 111, 115
Deduktion 29 ff., 36, 42, 82, 114, 124,
  126 f., 138, 140 ff., 145
Deduktiv-dogmatischer Erkenntnisweg
  29 ff., 33, 36, 66 ff., 77, 79, 82, 121,
  144 f.
Deduktiv-theoriekritischer Erkenntnis-
  weg 36 ff., 49, 56, 70, 73, 77, 79, 82, 96,
  104, 112 f., 120, 129, 140 f., 146
Definition 20 f., 38, 40
Dehumanisierung 74
Denken 17, 46, 106 ff., 138 f., 148
Depressionstheorie 136
Deutung 17, 81 ff.
Diagnose 94, 115, 126, 130, 141, 146 ff.
Dialektik 36, 46, 68, 76, 78, 109, 140
Dialektisch-materialistische Psychologie
  49
Dialektisch-materialistischer Erkennt-
  nisweg 46 ff., 72 f., 78 f., 83, 146 f.
Dialektische Hermeneutik 97
differentia specifica 21, 90
Diskurs 51 ff., 74 ff., 78, 83, 97 f.
Divination 134
Dogma 28 ff., 34, 65, 67 f., 82, 85, 102,
  114, 148
Dualismus-These 86 ff., 116

Dynastie 66

Einfühlung 92
Empirie 32 ff., 37, 44, 68, 86
Empirische Prüfung 35 f., 38, 40 f., 45,
    50, 71, 78, 129 f., 135, 146
Empirische Sozialforschung 13, 52, 96
Empirische Stimmigkeit 120
Empirismus 32 ff., 68
Entfremdung 51, 71, 143
Entgegenwirkende Ursache 48, 140
Entwicklungspsychologie 79
Epistemologie 13
Erfahrung 32 ff., 77, 106 ff., 137, 144, 146
Erfahrungswissenschaft 35
Erkenntnisangebot 15, 20 f.
Erkenntnisinteresse 15, 17, 46, 115, 138 f.
Erkenntnisphasen 79
Erkenntnistheorie 11 ff., 52, 79
Erkenntniswege 15, 22 ff., 59 ff., 76, 82 f.,
    142
Erklärung 81, 86 ff.
Erscheinung 17, 82, 90
Ethnomethodologie 103
Exakte Wissenschaft 93, 138, 140 f.
Experimentelle Überprüfung 42, 95 f.
Extrahierende Hermeneutik 58, 118 ff.,
    134

Falsifikation 42, 45
Faschistische Technokratie 73
Feldforschung 53, 146
Feminat 60
Feudalistische Gesellschaft 33, 66 ff.
Finalität 19, 91
Formalisierung 39
formal-operative Periode 79
Forschungsstatistik 13
Freiheitsideal 70
Frühkapitalistische Gesellschaft 68 ff.

Gegenseitige Hilfe 76
Gegenübertragung 118
Geist 23, 46 f.
Geisteswissenschaft 83 ff., 90 ff., 126
Geltungsanspruch 96 ff., 100 ff., 118,
    120, 121 f., 128, 141
Geologie 91
Geschichtswissenschaft 83, 87 ff., 91, 94,
    109 ff., 118
Gesellschaftliche Praxis 49 f.
Gesellschaftsgeschichte 58
Gesetzesannahme 87, 89
Gleichberechtigung 72, 78
Gruppendynamik 78
Gültigkeitsproblem 95 ff., 99 ff., 117

Handlungsforschung 51 ff.
Handwerker 33 f., 68 f., 145
Hermeneutik 12, 35, 81 ff.
Heuristik 110

Hinreichende Ursache 19
Historische Methode 110
Historischer Materialismus 58
Historismus 110
H-O-Schema 86
Hominiden 60
Humanwissenschaft 72
Hypnose 25
Hypothese 20, 41 ff., 45, 85, 124 ff.

Ideale Sprechsituation 53, 56, 97, 147
Idealismus 46, 110
Imperialismus 146
Indiz 95, 105, 117, 128, 132
in-dubio-pro-reo-Gebot 107
Induktion 32 ff., 114, 124, 126 f., 138,
    140 ff., 145
Induktionismus 37, 148
Induktions-Überprüfung 129
Induktive Hypothese 129
Induktiv-empiristischer Erkenntnisweg
    32 ff., 36, 44, 69, 77, 79, 82, 96, 104,
    113 f., 120, 141, 145
Industrie 69 f.
Information 88, 117, 126
Innerer Widerspruch 47 ff., 51, 78, 83,
    146
Instinktverlust 60
Intelligenz 75, 79, 108
Intention 91
Interpretation 35, 55, 81 ff.
Intersubjektive Überprüfung 120
Intervenierende Variable 90
Intuition 115, 133 f.
Intuitive Hermeneutik 102
Intuitive Prognose 92
Invarianz 90
Irrtumsrisiko 142

Kapitalismus 69
Kaufleute 33 f., 68 f., 145
Kausales Erkenntnisinteresse 13, 15, 17,
    52, 94, 121, 139 f., 141, 146
Kausalität 18 ff., 23, 39, 91, 95, 117, 140
Kirche 33, 68 f., 121
Kloster 33
Kombinatorik 134
Kommunikative Kompetenz 52
Kommunikatives Handeln 52, 97 f.
konkret-operative Periode 79
Konsens 34, 53, 95, 104, 120, 141
Konsistenz 20 f.
Kontradiktion 40
Koran 32
Kriminalistik 83, 112, 118, 128, 132
Kriminalsoziologie 41
Kritischer Rationalismus 36 f., 45 f., 70
Kunstwissenschaft 83, 114, 118, 121

labeling approach 41 ff.
Laborexperiment 146

Landwirtschaft 65
Lebenserfahrung 85, 106
Lebensgeschichte 49, 109, 111, 114 f.
Lebenslauf-(life-span)-Forschung 100
Lernnotwendigkeit 60
Lerntheorie 49
Liebe 28, 78
Life-event-Ansatz 100
Literaturwissenschaft 91, 121
Logik 21, 25, 30 ff., 122 ff., 141
Logische Prüfung 36, 38, 40 f., 71, 78
Logische Stimmigkeit 120
Logischer Positivismus 37

Magie 22 ff.
Magische Phase 77
Marktforschung 34
Materialismus 46
Materie 46 f.
Mathematik 29 f., 96, 122, 124
Matriarchat 60 ff., 65, 71
Meditative Mystik 24
Medizin 83, 118, 126 f.
Meinungsforschung 34
Metatheorie 122, 138
Meteorologie 91
Methodendualismus 86 ff., 116
Methodologie 84
Musterläufigkeit 114
Mystik 22 ff., 62
Mystisch-magischer Erkenntnisweg 12,
    22 ff., 32, 57, 62 ff., 67 f., 76, 79, 82,
    119, 134, 143 f.
Mythos 25, 61

Naiver Empirismus 34
Naiver Positivismus 34
Natur 63, 65, 143 f.
Naturgesetz 113
Naturwissenschaft 12, 30, 34, 73, 83,
    86 f., 113, 124, 126, 140 f.
Neopositivismus 37
Nosologie 126
Notwendige Ursache 19
Nützlichkeit 138

Objektive Hermeneutik 101
Objektivität 20, 51 ff., 54, 56, 82, 99, 101,
    110, 119
Ökonomie-Kriterium 117
Ontogenese 76
Operationalisierung 41, 43
Orgasmus 61

Pädagogik 16, 83
Patriarchat 60 f., 65, 68 f., 71 f.
Persönlichkeitshaltung 148
Phänomenale Theorie 20
Phänomenales Erkenntnisinteresse 13,
    15, 17, 52, 94, 121, 139, 141, 146
Phänomenologie 84 f., 140

Phylogenese 76
Pluralismus 146
Population 127 ff., 133
Positivismus 37, 70
Pragmatik 122
präoperative Periode 79
Praxis 15 ff., 48 ff., 51 ff., 98 f., 121, 147
Präzision 20
Priester-Herrscher 67
prima-causa-These 91
Prognose 94, 115, 117
Projizierende Hermeneutik 58, 79,
    118 ff., 134 f.
Protokollsatz 42, 88 f., 94, 112, 115, 120,
    125, 141
Prüfhypothese 41 ff., 82
Psychoanalyse 44, 49, 73, 115 ff., 121
Psychogenese 58, 76, 79, 115
Psychologie 83, 87, 92, 99 ff., 115
Psychotherapie 25, 26, 44

Qualität 52, 55 f., 75, 119
Qualitative Sozialforschung 100
Quantenmechanik 96
Quantitative Sozialforschung 100
Quellenkritik 110 ff.

Rate-Instinkt 125, 130
Rationalität 28 f., 32, 53 f., 57, 70, 78,
    97 f., 107 f., 143
Rätsel 130 ff.
Rausch-Mystik 24
Realdefinition 21, 90
Rechtswissenschaft 30, 83, 104 ff., 121
Reflexion 78
Regel 54 f., 113 ff.
Regressive Reduktion 124
Reifungsperiode 79
Reine Vernunft 47
Relationsanalyse 39
Relative Wahrheit 53
Relativitätstheorie 96
Reproduktion 75
Retrodukuon 124 ff.
Retrognose 94
Rhetorik 30 f., 123
Richter 21, 31, 105 ff.
Romantische Hermeneutik 97

Sammlergruppen 60 ff.
Schamanismus 26, 57, 64, 104
Schlußfolgerung 126, 130, 133
Schlüssigkeit 117
Schrift 68
Schuld 92
Seele 62
Selbstreflexion 56, 97
Semantik 122
Semiotik 81, 120 ff.
sensomotorische Periode 79
Sigmatik 122

Singuläres Ereignis 91
Sinn 81, 87 f., 119, 134, 140
Sinneserfahrung 33, 34, 37
Skepsis 28, 70, 77, 97, 112
Solidarität 76
Sozialistisch kontrollierter Kapitalismus 71 ff.
Sozialpädagogik 83, 86, 109
Sozialpsychologie 78
Sozialwissenschaft 31, 34, 42, 44, 50, 72 f., 82 f., 87, 92, 104, 109, 139
Soziogenese 58, 76, 79
Soziologie 26, 91, 99 ff.
Spätkapitalistische Gesellschaft 69 ff., 146
Spezifisches Merkmal 129
Spezifität 90
Sprachwissenschaft 83, 88
Staatsmonopolistischer Kapitalismus 70, 82
Statistik 35, 69, 82, 96, 114
Statistische Prognose 92
Stichprobe 34 f., 41 ff., 126, 128 f., 133, 141 f., 145
Stimmigkeit 135
Studentenbewegung 93
Subjektivität 52, 56, 110, 119
Subsumierende Abduktion 137, 141
Subsumtion 127, 141
Suggestion 25
Supervision 118
Symbol 22 f., 25 ff., 123
Symptom 126
Symptomatologie 122 f.
Syntaktik 122
Synthese 36, 78
Synthetisches Denken 138

Tarotkarten 25 f.
Tatsache 23, 37, 105 f., 148
Tautologieprüfung 40
Technisches Erkenntnisinteresse 93
Terminogene Abduktion 137, 141
Themenzentrierte Interaktion 55
Theokratie 67 f.
Theologie 30, 83, 121
Theoriemodifikation 42 f.
Theorievergleich 40
Theorieprüfung 37 ff., 49
Theorierettung 43
These 20, 36
Tradition 36, 65 f., 81, 111, 144
Traum 27, 36, 62, 67, 144
Traumdeutung 119
Typisches Merkmal 129

Überprüfung 84, 120
Überrest 111

Überzeugung 54, 107, 137
Unentscheidbarkeitssatz 96
unio mystica 23 ff., 65, 134, 144
Unschärferelation 96
Unvollständige Induktion 35
Unvollständigkeitssatz 96
Urfeuer 47
Ursache 17, 19, 23, 47 f., 50 f., 90 f., 95, 140

Validität 85, 97, 101, 115, 129, 135, 147
Verifikation 42
Vernunft 78
Verstehen 81 ff.
Verstehende Psychologie 86
Versuch-Irrtum-Methode 139
Viehzucht 65 ff.
Vollständige Induktion 34
Vorhersage 141
Vorurteil 78, 108 f.

Wahrhaftigkeit 109, 149
Wahrheit 12, 20, 28, 42, 46, 53, 105 f., 139
Wahrnehmung 125 f., 147
Wahrscheinlichkeitsaussage 126
Wahrscheinlichkeitstheorie 35, 69, 125, 128, 133, 141
Warum-Frage 19
Wasseraffentheorie 61
Wertfreiheit 37
Wesen 17, 23, 27, 87, 89 f., 117, 140, 144
Widerlegung 42
Widerspiegelung 15
Widerspruch 73, 78
Widerspruchsprüfung 40
Wiederholbares Ereignis 91
Wiener Kreis 37
Wildbeutergruppen 62 ff.
Willensfreiheit 91
Wissenschaftlicher Satz 20, 45, 124
Wissenschaftstheorie 11 ff.
Wozu-Frage 19

Zauberei 25 f., 64
Zeichen 39, 81, 120, 122 ff.
Ziel 91
Zuordnender Satz 127, 133
Zuordnung 125, 130, 141
Zurechenbarkeit 92
Zusammenhang 87 f.
Zustimmung der Sachverständigen 85, 120
Zweckdienlichkeit 88
Zweckdienlichkeits-Sinn 140
Zweckfrage 19
Zweifel 28, 107